懐かしい
沿線写真で訪ねる

山陽電鉄
神戸電鉄
神戸市営地下鉄

街と駅の1世紀

辻 良樹

昭和の街角を紹介

撮影：J.WALLY HIGGING

電鉄兵庫駅付近の併用軌道を走る700形の急行。狭軌用の63系を標準軌に改造した。（昭和39年）

アルファベータブックス

CONTENTS

はしがき ……………………………………… 4

第1部　神戸高速鉄道・山陽電気鉄道

元町、西元町、（阪急）神戸三宮、花隈 …… 6
高速神戸、新開地 …………………………… 8
大開、高速長田 ……………………………… 10
回想の電鉄兵庫駅 …………………………… 12
西代、板宿 …………………………………… 14
東須磨、月見山、須磨寺 …………………… 16
山陽須磨、須磨浦公園、山陽塩屋 ………… 18
滝の茶屋、東垂水、山陽垂水、霞ケ丘 …… 20
舞子公園、西舞子、大蔵谷、人丸前 ……… 22
山陽明石、西新町 …………………………… 24
林崎松江海岸、藤江、中八木、
　江井ケ島、西江井ケ島 …………………… 26
山陽魚住、東二見、西二見 ………………… 28
播磨町、別府、浜の宮、尾上の松 ………… 30
高砂、荒井、伊保 …………………………… 32
山陽曽根、大塩、的形、八家 ……………… 34
白浜の宮、妻鹿、飾磨、亀山 ……………… 36
手柄、山陽姫路 ……………………………… 38
西飾磨、夢前川、広畑 ……………………… 40
山陽天満、平松、山陽網干 ………………… 42

第2部　神戸電鉄・神戸市営地下鉄・北神急行電鉄

湊川、長田、丸山、鵯越 …………………… 46
鈴蘭台、北鈴蘭台 …………………………… 48
山の街、箕谷、谷上 ………………………… 50
花山、大池、神鉄六甲、唐櫃台 …………… 52
有馬口、有馬温泉 …………………………… 54
五社、岡場、田尾寺、二郎 ………………… 56
道場南口、神鉄道場、横山 ………………… 58
三田本町、三田 ……………………………… 60
フラワータウン、南ウッディタウン、
　ウッディタウン中央 ……………………… 62
鈴蘭台西口、西鈴蘭台、藍那 ……………… 64
木津、木幡、栄、押部谷 …………………… 66
緑が丘、広野ゴルフ場前、志染 …………… 68
恵比須、三木上の丸、三木 ………………… 70
大村、樫山、市場、小野 …………………… 72

葉多、粟生 …………………………………… 74
新神戸、三宮 ………………………………… 76
県庁前、大倉山、湊川公園 ………………… 78
上沢、長田、新長田、板宿 ………………… 80
妙法寺、名谷、総合運動公園 ……………… 82
学園都市、伊川谷、西神南、西神中央 …… 84
三宮・花時計前、旧居留地・大丸前、
　みなと元町、ハーバーランド …………… 86
中央市場前、和田岬、御崎公園、苅藻、駒ケ林 …… 87

開業当初の兵庫電気軌道兵庫電停（大正時代）

明治43年に開業した兵庫電気軌道の兵庫電停の絵葉書。開業当初は1線のみだった。

一ノ谷駅付近（昭和初期）

須磨駅の西に一ノ谷駅があった。絵葉書は古戦場界隈を写したものだが、左側に山陽本線が写っている。

海側の軌道時代の塩屋（昭和初期）

大正時代から昭和初期に線路移設を行うまで、海側を走っていた時代の塩屋駅界隈。

海岸に近い舞子を走る兵電（昭和初期）

兵庫電気軌道時代は今よりも海側を走った。

湊川駅（昭和初期）

神戸有馬電気鉄道の湊川駅。半地下構造の駅で、地下化された現在もこの建物は残る。中央円形の部分は時計台だった。

鉄道省有馬駅（大正時代）

国有の有馬線は、大正3年に有馬鉄道を鉄道院が借り上げて開業。昭和18年の鉄道省時代に廃止同様の休止となり終止符を打った。

鉄道院神戸駅（大正時代）

新橋〜神戸間全通の明治22年に誕生した二代目駅舎。煉瓦造りの駅舎で、昭和5年の駅舎改築まで活躍した。

神戸市電三宮阪急前（昭和初期）

右は、阪神急行電鉄時代に完成した神戸阪急ビル。阪急百貨店や映画館が入居し、阪急会館の名でも親しまれた。

はしがき

　神戸を中心とする兵庫県南部の鉄道で興味深いひとつに、山陽電気鉄道と神戸電鉄の存在がある。山陽電気鉄道は第三セクター(北大阪急行電鉄など)を除けば関西唯一の準大手私鉄で、神戸電鉄は近年まで準大手私鉄だった。筆者が今も抱く神戸電鉄のイメージは、現在分類される中小私鉄ではなく、大都市の神戸市に直結する準大手私鉄だ。細かく見れば現在では準大手の基準に達していないのだが、駅施設や沿線、車両などを見る限りでは、地方の中小私鉄と同じには見えないし、現在では一部区間でそのような雰囲気であっても、その変遷は準大手私鉄だ。

　山陽電気鉄道は海に沿って神戸〜姫路間を結び、神戸高速鉄道を介して阪神梅田とも直結する。一方、神戸電鉄は、全国登山鉄道‰会に加盟するほどの山岳区間も有し、神戸市の山あいに造成された住宅地を走り、山を越えて有馬温泉、三田方面、鈴蘭台を境に三木、小野、粟生方面へも路線を伸ばす。

　"準大手レベル"の鉄道を、同じ兵庫県南部で比較でき、さらに沿線の様子は海側の山陽、山側の神鉄で異なり、その違いと移り変わりを感じることができる。

　山陽電気鉄道では、JRと並行することで、駅同士の拮抗や互いの歴史、地域感などが味わえるし、沿線の軍需化や工業化との歴史にも深く関わりを感じる。神戸電鉄では、山の斜面に造成された神戸市郊外の宅地化や三田や三木のニュータウン開発の歴史も見逃せず、準大手私鉄へと発展を遂げた神戸電鉄の躍進の時代も見える。

　準大手私鉄は、大手私鉄よりも少ない。東の相模鉄道はすでに大手に分類され、第三セクターを除く純粋な民鉄としては、東の新京成電鉄、西の山陽電気鉄道のみだ。準大手私鉄は、大都市近郊の急激な人口増加が見込めた時代に、大手私鉄ほどの沿線規模ではないにしろ、大手私鉄に準ずる発展を遂げ、ある意味、右肩上がりだった昭和が生んだ鉄道の規模と言える。大手私鉄とはひと味違った、このような準大手私鉄の沿線の変遷などを本書から垣間見ていただければ幸いだ。

◇　◇　◇

　さらに、本書では、神戸市営地下鉄も紹介している。一見すると、市営地下鉄だけが離れ孤島のようだが、実は比較的新しいこの交通機関と神戸電鉄の関係は、地下鉄と相互直通運転を行う北神急行電鉄を介して谷上で乗換駅となるだけではない。同地下鉄の西神中央駅延伸で、神戸市郊外の神戸電鉄沿線に大きな影響が見られる。このような平成に入ってからの交通体系の変化についても、本書では少し触れている。

　また、神戸市営地下鉄の駅付近には、かつて神戸市電が運行していた所があり、懐かしい神戸市電の写真も入れてみた。懐かしい昭和期と、平成期の変遷の両方を楽しめるのも、本書の特徴のひとつと言える。

左上は準大手私鉄の山陽電気鉄道。右上は神戸電鉄有馬線。左下は地上区間を走る神戸市営地下鉄で、右下は相互直通する北神急行電鉄。

第1部
神戸高速鉄道・山陽電気鉄道

兵庫電気軌道と神戸姫路電気鉄道を合併した宇治川電気のもと、兵庫〜姫路間の直通運転を開始。宇治川電気の鉄道事業が分離して、山陽電気鉄道が昭和8（1933）年に発足。現在、第三セクターを除く関西で唯一の準大手私鉄。西代〜山陽姫路間の本線、飾磨〜山陽網干間の網干線があり、本線は、神戸高速線を介して神戸市中心部や阪神梅田とも直通する。

姫路シロトピア博開催記念ヘッドマークを掲げた3000系が電鉄須磨（現・山陽須磨）に入線する。

Motomachi St. / Nishi-Motomachi St. / Kobe-Sannomiya St. / Hanakuma St.

元町・西元町・阪急神戸三宮・花隈

阪神神戸高速線の東端駅元町
平成25年、三宮から神戸三宮へ改称

【元町駅】
開 業 年	昭和11（1936）年3月18日
所 在 地	神戸市中央区元町通2
キ ロ 程	5.0km（西代起点）
駅 構 造	地下駅／1面2線

【西元町駅】
開 業 年	昭和43（1968）年4月7日
所 在 地	神戸市中央区元町通6
キ ロ 程	4.2km（西代起点）
駅 構 造	地下駅／2面2線

【（阪急）神戸三宮駅】
開 業 年	昭和11（1936）年4月1日
所 在 地	神戸市中央区加納町4－2
キ ロ 程	5.7km（西代起点）
駅 構 造	高架駅／2面3線

【花隈駅】
開 業 年	昭和43（1968）年4月7日
所 在 地	神戸市中央区北長狭通6
キ ロ 程	4.4km（西代起点）
駅 構 造	地下駅／2面2線

平成元年
撮影：岩堀春夫
◎阪急 三宮駅
JRの三ノ宮駅から見た阪急の三宮駅。駅と一体化された神戸阪急ビル（阪急百貨店入居）が写る。6年後の阪神・淡路大震災で被害を受け、長年親しまれた駅ビルは姿を消した。

昭和34年
撮影：J.WALLY HIGGINS
◎三宮阪神前付近の神戸市電
国鉄三ノ宮駅の高架下をくぐり、三宮阪神前へ向かう400形の兵庫駅行き。右に写る国鉄三ノ宮駅の前に脇浜町方面の三宮駅前電停もあった。

　阪神の元町駅の開業は昭和11（1936）年3月、阪急の三宮乗り入れよりも半月早く、当初から地下駅だった。当時の元町は、神戸の中心的な繁華街で、湊川方面などへ延伸を画策した阪神は中間駅の形態で建設した。山陽電気鉄道は、昭和43（1968）年4月7日の神戸高速鉄道東西線開業で乗り入れ開始。島式ホーム1面2線で、1番線が尼崎、梅田方面、2番線が姫路方面だ。

　西元町駅は、神戸高速鉄道開業にともない開設。地下1階に改札口、地下2階に相対式ホーム2面2線。昭和59（1984）年に三越神戸店が閉店するまでは、副駅名が三越前だった。阪急神戸高速線の花隈駅は東方約200m。

　神戸三宮駅は、上筒井のターミナル駅から移転し、昭和11（1936）年4月に神戸駅として開業。当初からの高架駅である。昭和43（1968）年4月の神戸高速鉄道東西線開業に備えて、頭端式ホーム4面3線から島式ホーム2面3線へ改造され、同線開業時に三宮駅へ改称し、山陽電気鉄道の乗り入れも開始された。

　平成7（1995）年1月、阪神・淡路大震災が発生。阪急百貨店が入居する駅ビルは甚大な被害を受け、後に解体。当駅は同年3月13日に営業を再開するが、山陽電気鉄道との直通運転の再開は、神戸高速鉄道の高速長田駅～新開地駅間の復旧を待って、同年8月13日だった。正式な駅名は、昭和43年の改称から三宮駅だったが、駅の放送などでは神戸三宮駅と呼ばれていたこともあり、平成25年12月に神戸三宮駅へ改称。花隈駅は、神戸高速鉄道管理駅から唯一阪急の管理になった駅で、平成22年10月に阪急直営に。地下1階に東改札、西改札は地上にあり、下りホームとは地下3階の通路で連絡する。

神戸高速鉄道

▶三宮の賑わい

三宮を海側から見た街の風景。写真奥に神戸市電三宮阪神前、山陽本線や阪急の高架の向うに、神戸阪急ビルが見える。

昭和初期
所蔵：生田 誠

平成24年
撮影：岩堀春夫

▲元町駅

阪神神戸高速線は、西代～元町間の路線。元町駅から神戸三宮駅方は阪神本線になる。地上に上がると高架駅のJRの元町駅がある。

平成22年
撮影：岩堀春夫

◀花隈駅

平成22年に阪急直営となり、駅名表示が阪急のデザインになった。

▶阪急三宮駅

現在、山陽電気鉄道の阪急への直通運転は阪神神戸高速線を経て神戸三宮駅（撮影時は阪急三宮）まで。同駅で折り返し運転を行う。

平成21年
撮影：岩堀春夫

古地図探訪
元町・神戸三宮付近

阪急の三宮駅（現・神戸三宮駅）は、昭和11（1936）年、阪神急行電鉄時代に神戸駅として開業する。三宮駅に改称したのは、昭和43（1968）年の神戸高速鉄道東西線開業と同時だった。地図は昭和28（1953）年発行で、戦時中に京阪電気鉄道を合併して社名変更した京阪神急行電鉄の時代である。この社名は、昭和48（1973）年に阪急電鉄に社名変更するまで使用されたが、阪神急行電鉄時代から、通常は阪急と呼んでいた。

駅は、山陽電気鉄道が神戸高速鉄道東西線の開通で乗り入れた昭和43年と同じ場所で、現在も同じだ。国鉄三ノ宮駅に隣接し、阪急百貨店を備えたビルの中に駅があった。

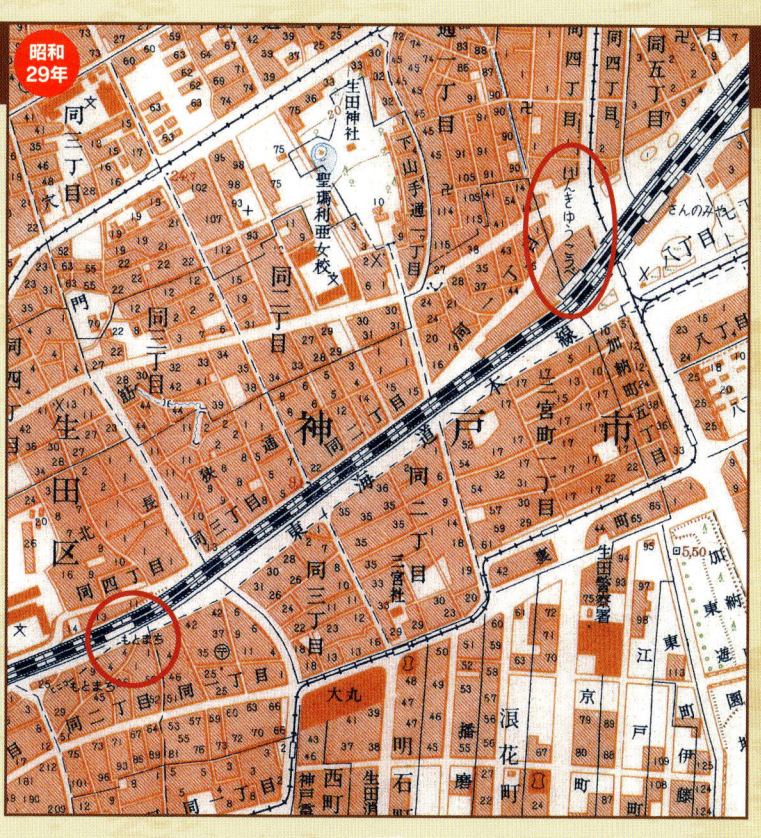
昭和29年

神戸市中央区 / 神戸市兵庫区 / 神戸市長田区 / 神戸市須磨区 / 神戸市垂水区 / 明石市 / 播磨町 / 加古川市 / 高砂市 / 姫路市

Kosoku-Kobe St. / Shinkaichi St.
高速神戸・新開地

阪神・阪急共同使用の高速神戸駅
新開地駅は、神戸高速鉄道開通で開業

【高速神戸駅】

開 業 年	昭和43（1968）年4月7日
所 在 地	神戸市中央区多聞通3
キ ロ 程	3.5km（西代起点）
駅 構 造	地下駅／2面4線

【新開地駅】

開 業 年	昭和43（1968）年4月7日
所 在 地	神戸市兵庫区新開地2
キ ロ 程	2.0km（西代起点）、0.4（湊川起点）
駅 構 造	地下駅／4面6線（東西線・南北線合計）

昭和43年
撮影：荻原二郎

◀神戸電鉄の新開地駅
神戸高速鉄道東西線と南北線が交わる駅として開業。東西線の阪神、阪急は地下2階で、南北線の神戸電気鉄道（現・神戸電鉄）は地下1階。写真はデ101形の有馬温泉行。

▼高速神戸駅
阪神神戸高速線と阪急神戸高速線が走る区間にある分岐駅。神戸高速線を介して山陽電気鉄道も乗り入れる。JRの最寄駅は神戸駅。

昭和38年
撮影：佐野正武

◀新開地駅
停車中の列車には「神戸〜鈴蘭台」の行先表示板が付けられている。

平成23年
撮影：岩堀春夫

　高速神戸駅は、阪神と阪急の共同使用駅で両社神戸高速線の分岐駅。島式ホーム2面4線を備え、奇数番線が阪急、偶数番線が阪神で、山陽電気鉄道は乗り入れ先に従う。当駅始発の同鉄道下り列車は新開地駅から回送し、3番線から発車する。

　新開地駅は、神戸高速鉄道開通の昭和43（1968）年4月7日に開業。新開地〜湊川間は神戸電鉄神戸高速線（神戸高速鉄道南北線）を走る。新開地駅開業までは、隣の湊川駅が神戸電気鉄道（現・神戸電鉄）のターミナル駅だったが、阪神電気鉄道、京阪神急行電鉄（阪急）、山陽電気鉄道が同線と同時開業の神戸高速鉄道東西線で新開地駅へ乗り入れるため、湊川駅からターミナル駅を移した。神戸電鉄は地下1階で、頭端式ホーム2面3線。一方、阪神や阪急のりば地下2階で、山陽電気鉄道の車両も発着し、島式ホーム2面3線の駅だ。

　高速神戸駅の北東には湊川神社（楠公さん）があり、主祭神は楠木正成。東方はJRの神戸駅で、高速神戸駅との間に高速神戸前バスターミナルがある。JRの神戸駅付近のバイパスをはさんで海側にはハーバーランドが広がる。新開地駅の北西は湊川公園。昔は湊川公園方面へ神戸市電が走り、界隈は神戸を代表する繁華街だった。

神戸高速鉄道

平成22年

◀ 新開地駅
写真中ほど、茶色のビルに出口がある。かつての新開地は、三宮よりも賑わった神戸随一の繁華街だった。

▼ 新開地駅
神戸高速鉄道の社章が付いた駅名標が縦に据え付けられた出口。

平成20年

◀ 高速神戸駅
楠公さんで親しまれる湊川神社が駅の東にあり、瓦屋根の和風の屋根が特徴的な東口。

平成20年

撮影：岩堀春夫

古地図探訪
新開地付近

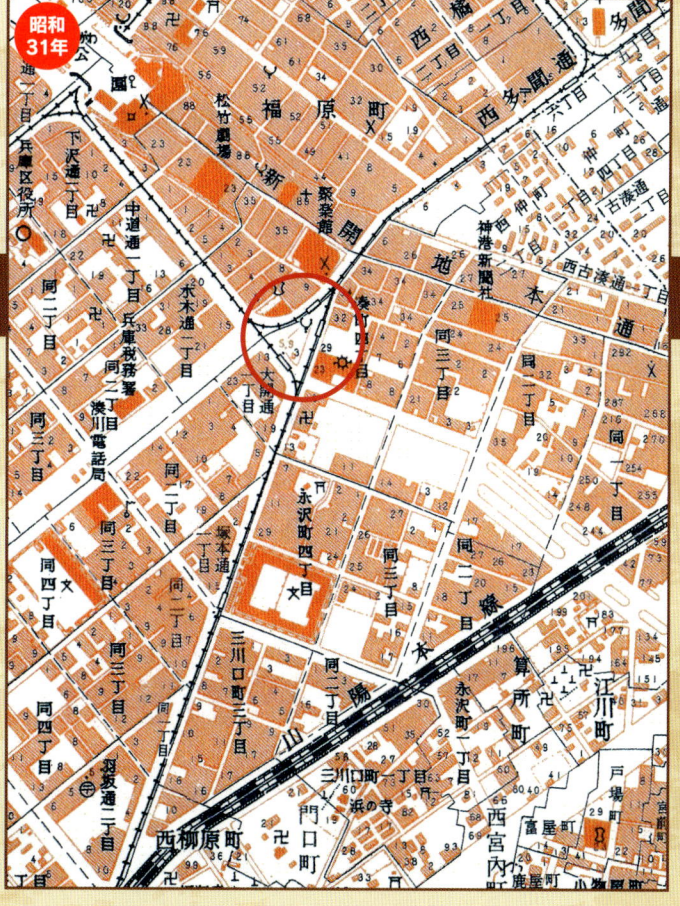

昭和31年

　神戸高速鉄道が未開業で、湊川駅が神戸電気鉄道（現・神戸電鉄）のターミナル駅だった時代。駅は、湊川公園の下の半地下で、ホームはさらに数段低い位置だった。駅近くには神戸市役所もあり、新開地にかけて繁華街としても賑わった。

　通りを市電が走り、湊川公園の下はトンネルで、東に神戸市電の湊川公園東口、トンネルを過ぎ、湊川駅の前を通ると、湊川公園西口の電停、湊川公園から南へ向かう通りに入ると、湊川公園の電停があった。この電停から南に進んだところに新開地の電停があり、市電の路線が三角状になっている付近の地下に、現在は神戸高速線新開地駅がある。

神戸市中央区

神戸市兵庫区

神戸市長田区

神戸市須磨区

神戸市垂水区

明石市

播磨町

加古川市

高砂市

姫路市

Daikai St. / Kosoku-Nagata St.
大開・高速長田

電鉄兵庫駅の代替駅大開駅
長田駅の代替駅高速長田駅

【大開駅】
開業年	昭和43（1968）年4月7日
所在地	神戸市兵庫区水木通7
キロ程	1.9km（西代起点）
駅構造	地下駅／2面2線

【高速長田駅】
開業年	昭和43（1968）年4月7日
所在地	神戸市長田区北町1
キロ程	0.9km（西代起点）
駅構造	地下駅／2面2線

昭和39年
撮影：J.WALLY HIGGING

▲長田駅付近
長田付近の併用軌道を走る250形。旧型の100形の台車や機器に新造車体を載せた形式。通勤電車として活躍した。

▶長田駅
併用軌道と専用軌道の分かれ目にあった長田駅。駅の向うが西代方面、手前の併用軌道は電鉄兵庫駅へ通じていた。

昭和43年
撮影：荻原二郎

平成22年
撮影：岩堀春夫

◀大開駅
ホームセンターや量販店が建ち並ぶ大開駅前。

　大開駅は、神戸高速鉄道の開業で廃止された電鉄兵庫駅の代替駅。平成7（1995）年1月に発生した阪神・淡路大震災では中間柱が折れ、国道28号が陥没し、同年8月の復旧開通まで阪神・阪急との相互直通運転が休止された。復旧開通後も当駅は休止して駅施設の復旧が続けられ、震災1年後に営業を再開した。

　高速長田駅も神戸高速鉄道の開業にともない廃止された駅（長田駅）の代替駅。阪神・淡路大震災では、5ヵ月後の平成7（1995）年6月に西代駅間の運行とともに営業を再開した。平成21（2009）年6月に東コンコースと東出口が完成。

　両駅開業前の付近は、大型の山陽電気鉄道の電車が併用軌道を走った。それも今や昭和の遠い記憶となった。大開駅は、電鉄兵庫駅があった所よりも北方で、電鉄兵庫駅跡は開発で面影を感じにくい。ちなみに大開駅は、電鉄兵庫駅に隣接した国鉄兵庫駅とは離れた位置に開設された。

　高速長田駅は、廃止された山陽電気鉄道の長田駅の南東で距離は近いが、こちらも併用軌道と専用軌道の分かれ目だった当時の長田駅を感じるには厳しい。高速長田駅近くには、神戸市営地下鉄長田駅や長田神社がある。

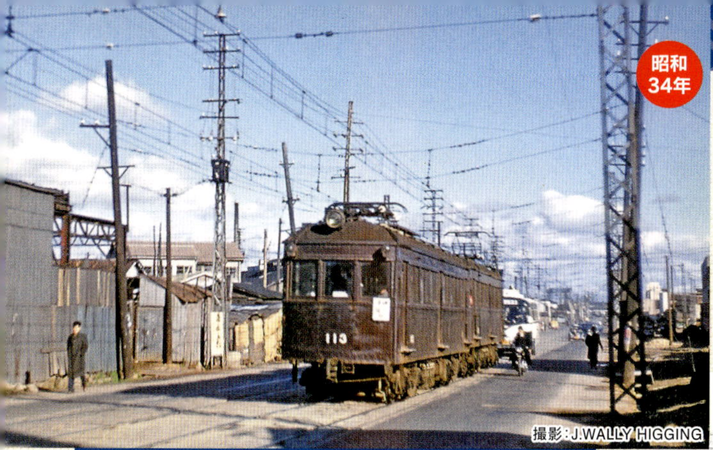

神戸高速鉄道

◁高速長田駅 平成22年
携帯ショップなどが入居するビルの近くにある高速長田駅の出口。
撮影:岩堀春夫

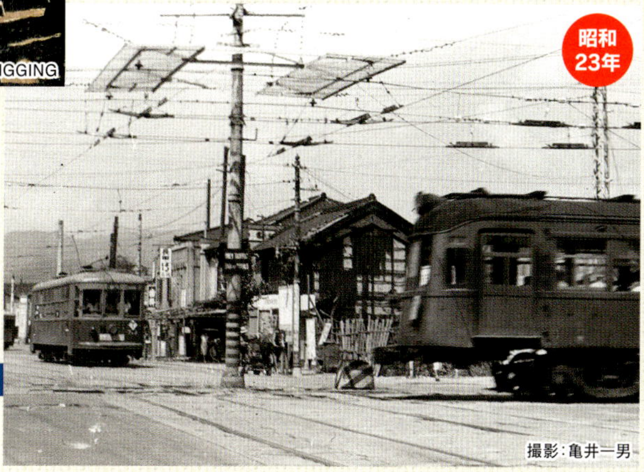

昭和34年
撮影:J.WALLY HIGGING

🔺長田駅付近の併用軌道を走る100形
100形は、51形として昭和2年から製造された形式で、宇治川電気電鉄部が兵庫～姫路間の直通運転用に投入した。しかし、戦時中の空襲等や戦後の車庫火災などで多くの車両が姿を消し、写真の113は当時数少ない現役車のひとつだった。

▷長田の交差点
併用軌道区間を走る山陽電鉄の列車と、神戸市電との平面交差風景。

昭和23年
撮影:亀井一男

🚶 古地図探訪

大開・高速長田付近

　大開駅は、地図右側、国鉄兵庫駅の北側の山陽電気鉄道電鉄兵庫駅の廃止代替駅。よって、付近を探すと、生田神社兵庫御旅所の神社記号が六丁目にあり、前の通りを少し南西へ向かい、工場記号のある敷地前に目を向け、この通りの地下が、大開駅の位置になる。

　次に高速長田駅は、現在地下に大開駅のある通りを南西へ進み、昭和43(1968)年に神戸高速鉄道開業にともない廃止された山陽電気鉄道の併用軌道区間に入り、神戸市電や道路と交差する地点の真下になる。地図当時の地上では、山陽電気鉄道と神戸市電が平面交差し、併用軌道区間のハイライトだった。

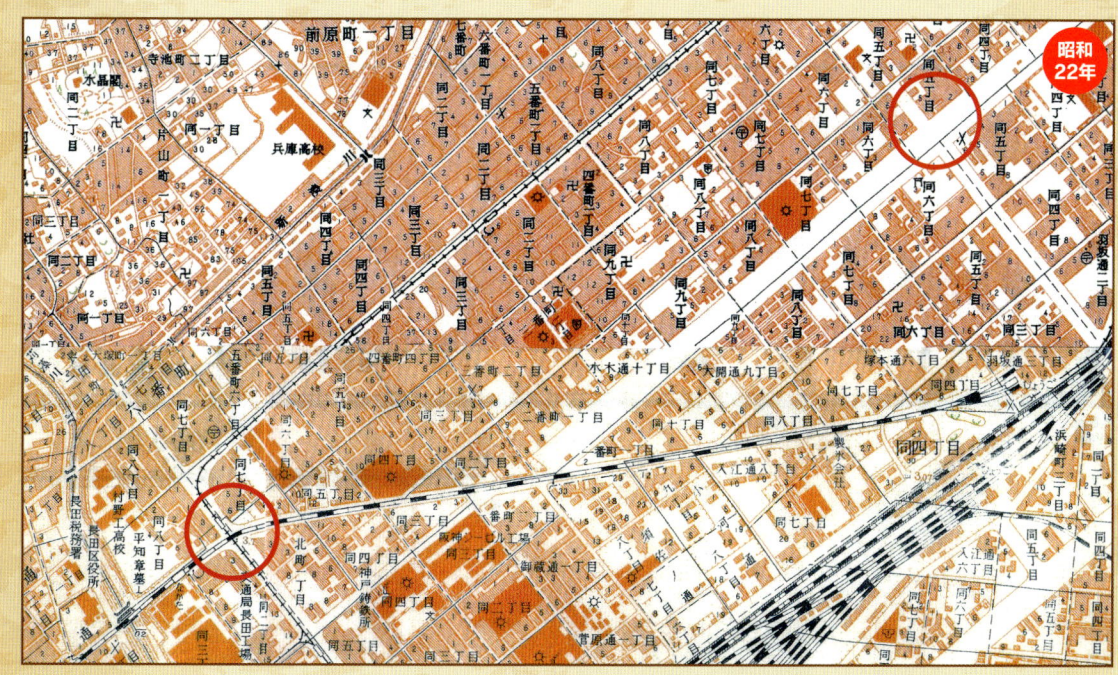

昭和22年

回想の電鉄兵庫駅

昭和43年、電鉄兵庫駅〜西代駅間廃止
併用軌道を結んだ電鉄兵庫駅と長田駅

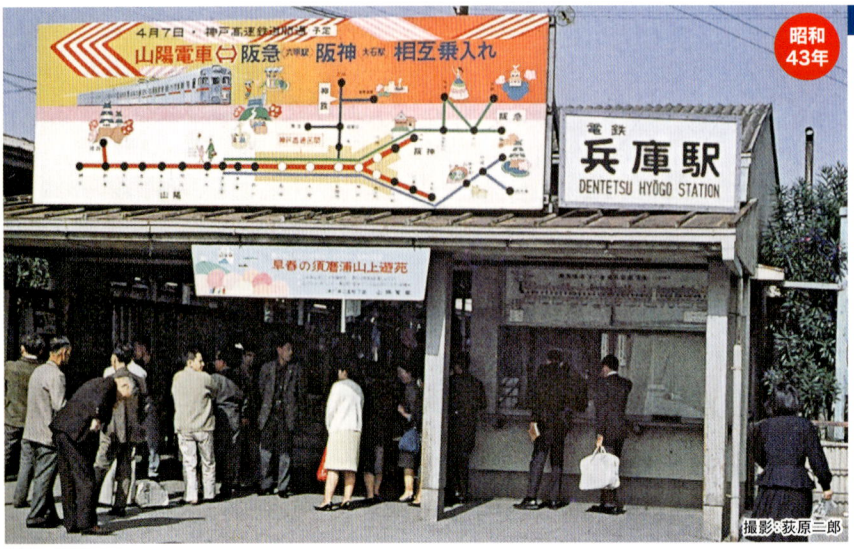

◀電鉄兵庫駅 昭和43年
本駅舎とは別に構内横にあった駅舎。駅最終日で、神戸高速鉄道開業をPRする看板が立つ。
撮影：荻原二郎

▼電鉄兵庫駅付近の2000系特急
特急用として導入された2000系のうち、写真の2013は、昭和37年製造のタイプⅣにあたり、オールアルミ製が特徴。現在、東二見車両基地で保存されている。

昭和38年

◀電鉄兵庫駅
神戸側のターミナル駅だった電鉄兵庫駅。当駅と向かいの国鉄兵庫駅との間に電停があり、神戸市中心部と連絡した。
提供：山陽電鉄

昭和41年

撮影：J.WALLY HIGGING

　電鉄兵庫駅〜西代駅間は、昭和43（1968）年4月7日の神戸高速鉄道東西線開業にともない同年4月6日に最終日を迎え、翌日に廃止された。

　電鉄兵庫駅は、神戸側のターミナル駅だった。明治43（1910）年3月に兵庫駅〜須磨駅間が開業し、兵庫電気軌道の起点駅として開設された。1線のみの電停で開業し、兵庫電気軌道と神戸姫路電気鉄道を合併した宇治川電気によって昭和3（1928）年に4線となった。これは、兵庫電気軌道の2線に、神戸姫路電気鉄道の規格にあわせた2線とプラットホームを増設したもので、明石で両鉄道を結び、兵庫〜姫路間の直通運転を行うための増設だった。昭和18（1943）年には電鉄兵庫駅へ改称した。

　昭和27（1952）年に道路拡幅で北側へ移転し、4面5線の旅客線と貨物ホーム1面1線の堂々たる姿になった。当駅と長田駅間は併用軌道で、途中では神戸市電と平面交差した。架線電圧は、山陽電気鉄道が1500V、神戸市電が600Vで、デッドセクションを設置し、双方の電車は惰性で平面交差を通過した。長田駅は、併用軌道と専用軌道の接点に位置。島式ホーム1面2線で、駅舎は併用軌道に面した電鉄兵庫駅寄りに建っていた。

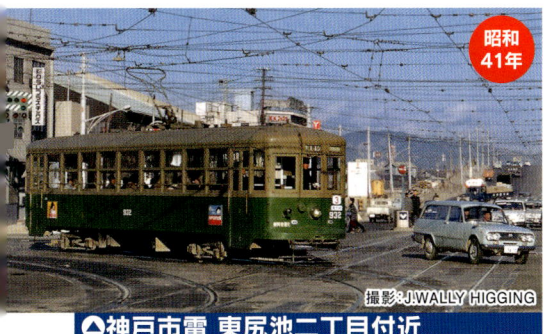

昭和41年

撮影：J.WALLY HIGGING

神戸市電 東尻池二丁目付近

カーブする須磨駅行の900形。右から尻池線合流。跨線橋は国鉄和田岬線を越える道路併用橋。和田岬駅付近の専用軌道の跨線橋とは違った風景。電鉄兵庫駅からはやや離れている。

平成17年

撮影：岩堀春夫

JRの兵庫駅

高架駅に昭和初期の風格ある駅舎が残る。

昭和37年当時の時刻表

有馬温泉・六甲山 (遊)

	キロ程	駅名						
六甲山 有馬―ホテル前 (阪急バス)		有 馬発	910	1020	1120	1310	1510	宝塚―有馬 30―60分毎
	12.3	六甲山頂〃	943	1053	1153	1343	1543	宝塚発 640―2130 休日 30分毎
	12.8	六甲山ホテル前着	945	1055	1155	1345	1545	有馬発 630―2120 45分 70円
	円	六甲山ホテル前発	940	1040	1140	1340	1600	宝塚―蓬来峡 約20分 30円
4月15～7月15日	10	六甲山頂〃	942	1042	1142	1342	1602	宝塚発 615―2000 蓬来峡発 651―2036
9月1～11月15日	55	有 馬着	1015	1115	1215	1415	1645	

阪急六甲―六甲山頂　阪急六甲発 900―1700　山頂発 950―1800 60分毎 所要35分　土曜増発

有馬急行線 (座席指定制)	900	1000	この間	1700	1800	円	発大阪梅田着	1020	1120	1210	この間	1810	1920
	1030	1130	1時間毎	1830	1930	170	着有 馬発	900	1000	1050	1時間毎	1650	1800

	区間	キロ程	運賃	所要	運転時間	間隔
37. 5.10 現在 六甲ケーブル (遊)(六甲越有馬鉄道)	土橋―六甲山	1.7	60円	10分	700―2000	20分
37. 6. 1 改正 摩耶山ケーブル (遊)(摩耶鋼索鉄道)	高尾―摩耶	0.9	50円	5分	720―2200	20分
37. 5.10 現在 奥摩耶ロープウェイ (遊)(神戸市交通局)	摩耶―山上	0.8	50円	5分	810―1950	20分

37. 6. 1 改正
(神戸市交通局) 六甲山上―記念碑台　六甲山上発 (平日)1020―1810 (休日) 920―1800 所要3分　記念碑台発 (平日)1035―1530 (休日) 855―1745 10円
六甲道―ケーブル下　六甲道発 637―1937 ケーブル下発 653―2130 所要13分 15円 10―20分毎

37. 5. 1 訂補

電鉄兵庫―電鉄姫路―電鉄網干 (電)(連) (山陽電鉄)

特急 初電	特急 終電	普通 初電			普通 終電		キロ程	賃	駅名	普通 初電			普通 終電		特急 初電	特急 終電
6 30	21 00	…	…	4 52	22 25	23 45	0.0	円	発電鉄兵庫(国)着	447	537	6 35	0 02	…	7 15	21 52
レ	レ	…	…	4 59	22 32	23 52	2.4	15	〃西代発	440	530	6 28	23 55	…	レ	レ
6 41	21 11	…	…	5 08	22 41	0 01	5.9	20	〃電鉄須磨〃	…	521	6 19	23 46	…	7 04	21 41
6 54	21 24	…	4 50	5 30	23 03		17.9	50	〃電鉄明石(国)〃	…	459	5 54	23 24	…	6 51	21 28
7 05	21 35	…	5 09	5 49	23 22	…	29.5	90	〃東二見〃	…	…	5 35	23 05	…	6 40	21 17
7 15	21 45	…	5 24	6 04	23 37	…	39.5	110	〃電鉄高砂〃	…	…	5 20	22 50		6 20	21 07
レ	レ	…	5 34	6 18	23 47	…	45.0	130	〃大塩〃	…	…	5 10	22 40	23 50	レ	レ
7 30	22 00	4 38	5 47	6 31	24 00	…	53.1	140	〃電鉄飾磨〃	…	…	4 57	22 27	23 37	6 15	20 52
7 35	22 05	4 45	5 54	6 38	0 07	…	56.9	150	着電鉄姫路(国)発	…	…	4 50	22 20	23 30	6 10	20 47

初電		終電	キロ程	賃	駅名	初電	終電		間隔
…	5 28	23 17	0.0	円	発電鉄姫路(国)着	5 21	23 12		14分
4 40	5 37	23 26	3.8	15	〃電鉄飾磨発	5 14	23 05	24 00	|
4 48	5 46	23 36	8.5	30	〃広畑〃	5 05	22 55	23 52	20分
4 55	5 53	23 43	12.4	40	着電鉄網干発	4 58	22 48	23 45	毎

電鉄兵庫―姫路
特急 20―30分毎　普通 12―20分毎
急行 30―60分毎
兵庫―姫路 所要時間
特急65分 急行78分 普通102分

須磨浦ロープウェイ　須磨浦公園―鉢伏山上 0.4446キロ 5月1日―7月15日 815―2045 10分毎 所要3分半 往復 90円

37. 5.10 現在

湊川―有馬温泉―三田―粟生 (連) (神戸電鉄)

					キロ程		駅名					
538	600	この間	2239	2306		円	発湊川(国)着	619	657	この間	2257	2347
553	618	湊川発有馬・三田行	2255	2321	7.5	40	〃鈴蘭台発	604	642	有馬・三田発湊川行	2242	2332
617	645	28分毎	2319	2345	20.0	80	〃有馬口〃	541	618	28分毎	2219	2308
643	710	三田行急行	2342	‖	32.0	105	着三田発	517	554	三田発急行 7.18分	2154	2243
624	651	1349.1725.1804	2325	2351	22.5	90	着有馬温泉発	535	612		2212	2303
…	546	この間	2156	2254	0.0	円	発湊川(国)着	628	659	この間	2337	…
546	601	湊川発粟生行30分毎	2211	2309	7.5	40	〃鈴蘭台発	613	644	粟生発湊川行30分毎	2322	
622	638	粟生行急行 1806	2246	2344	26.9	100	〃電鉄三木〃	537	606	粟生発急行 635	2246	2330
646	659		2305		36.7	115	着粟生(国)発	…	547		2228	2311

電鉄兵庫駅～電鉄姫路間56.9kmを、20～30分毎の特急列車は65分、急行列車は78分で走っていた。

電鉄兵庫駅

4面のプラットホームを備え、ターミナル駅にふさわしい構えだった。右から3000系、250形、700形が並ぶ。

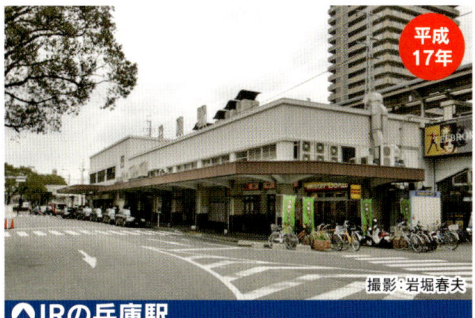

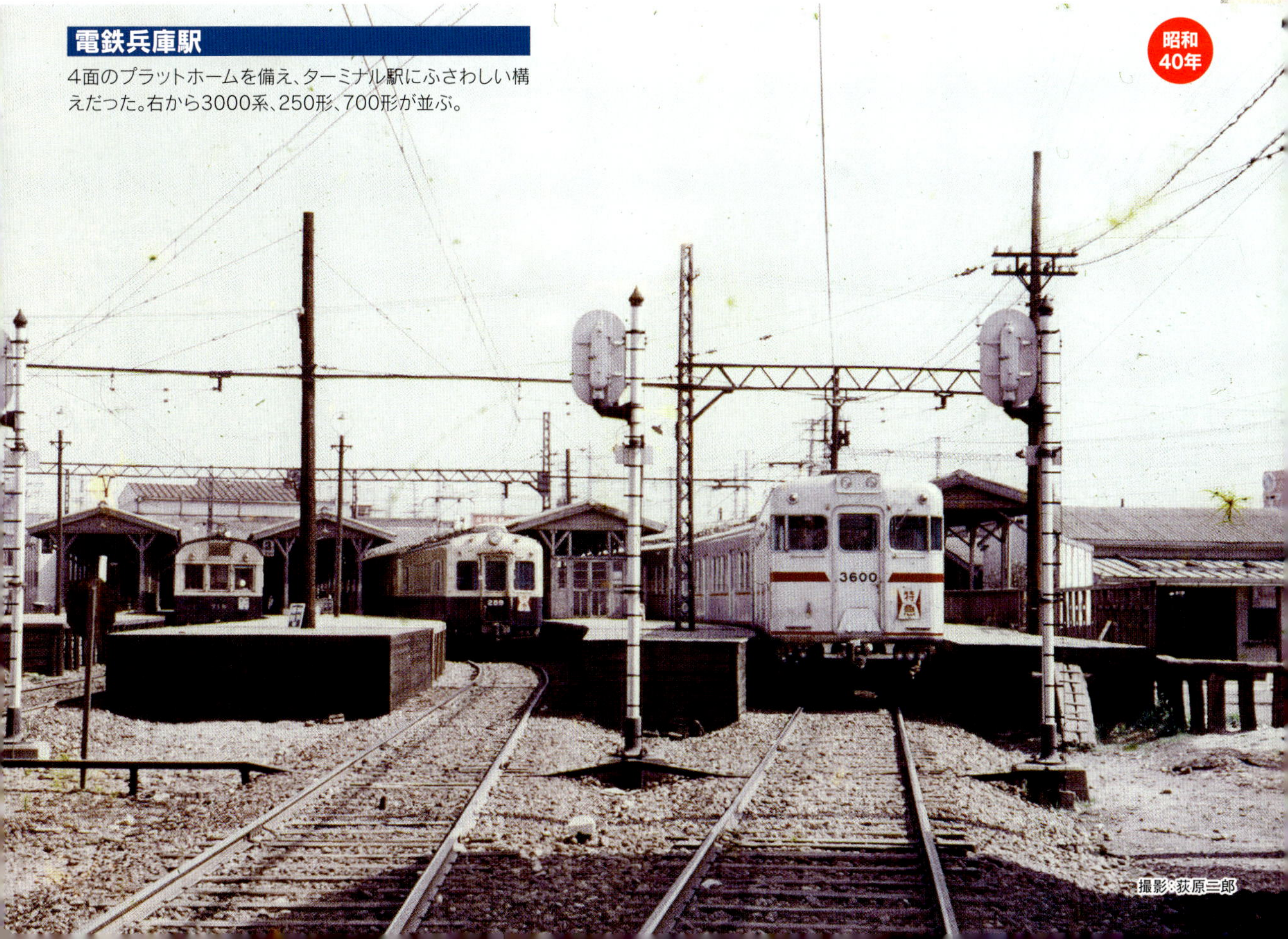

昭和40年

撮影：荻原二郎

Nishidai St. / Itayado St.
西代・板宿
にしだい　いたやど

昭和43年、西代駅が境界駅に
震災後の地下駅化で早期復旧した両駅

【西代駅】	
開 業 年	明治43（1910）年3月15日
所 在 地	神戸市長田区御屋敷通2-6-1
キ ロ 程	0.0km（西代起点）
駅 構 造	地下駅／2面2線
乗 降 客	1,178人

【板宿駅】	
開 業 年	明治43（1910）年3月15日
所 在 地	神戸市須磨区平田町3-3-10
キ ロ 程	1.0km（西代起点）
駅 構 造	地下駅／2面2線
乗 降 客	21,779人

昭和43年　撮影：荻原二郎

◎西代駅
神戸高速鉄道開業前日の西代駅の様子。右端に写る路線が翌日開業の神戸高速鉄道東西線で、その左側は翌日廃止の長田駅、電鉄兵庫駅方面。電車は250形の後期タイプで270形と呼ばれた。同形は、座り心地の良い奥行のある低い座面のロングシートで、登場当初は特急の運用にも使用された。

昭和43年　撮影：荻原二郎

◎西代駅の2700系
旧型車両の機器を使い2000系の3扉ロングシート車の車体を載せている。

◎西代駅
阪神・淡路大震災後、地下化されて平成7年6月に営業を再開した。

昭和20年代　撮影：亀井一男

◀西代車庫
写真の200形212は昭和13年に登場した車両。登場時は青緑・クリームのツートンカラーだったが、戦時中に茶色に塗装変更された。

平成20年　撮影：岩堀春夫

　西代駅は、明治43（1910）年3月に兵庫電気軌道兵庫電停（後の電鉄兵庫駅）〜須磨終点駅（現・山陽須磨駅）間の開業と同時に設置された。昭和43（1968）年4月7日に神戸高速鉄道が開通し、前日の電鉄兵庫駅〜当駅間廃止に伴い、山陽電気鉄道本線の起点駅で、神戸高速鉄道との境界駅になったが、神戸高速線を介して直通運転を行うことから途中駅の様相で、特急は一部のみ停車する。駅は神戸高速鉄道の開通前年に橋上駅舎へ改築。駅に隣接して南側にあった車庫は、山陽電気鉄道本社などになっている。
　平成7（1995）年1月、阪神・淡路大震災が発生。被災した駅は営業休止になり、工事が進んでいた地下駅に移り、同年6月に営業を再開。地上駅は使命を終えた。
　板宿の地名は、菅原道真が京から大宰府へ向かう際に板囲いの宿で過ごした伝説が由来とも言う。駅は大正元（1912）年12月に東へ300m移転。神戸市電板宿停留場が昭和12（1937）年4月に開業、昭和46（1971）年3月に市電廃止後、昭和52（1977）年3月には神戸市営地下鉄開業で地下鉄の駅が誕生した。昭和40（1965）年改築の駅舎は、阪神・淡路大震災で被災。駅はすでに工事が進んでいた地下駅へ平成7（1995）年3月に移転し、当駅〜東須磨駅間の営業を再開した。

山陽電鉄本線

平成21年

板宿駅
地上駅時代に阪神・淡路大震災で被災し、工事が進んでいた地下駅を早めに完成させて平成7年3月から営業を再開した。写真右側は板宿商店街。
撮影：岩堀春夫

昭和43年

板宿駅
神戸高速鉄道開業日の板宿駅。山陽、阪急、阪神の相互乗り入れ開始を告げる案内が駅玄関口に掲げられている。昭和40年に改築された駅舎で、阪神・淡路大震災で被災するまで使用された。
撮影：荻原二郎

昭和43年

板宿駅付近の3000形
地上時代の板宿駅近辺。駅の地下化で現在は様変わりしている。車両は、昭和39年12月竣工の3000形でアルミニウム合金製。
撮影：荻原二郎

昭和25年

西代車庫
写真の700形は昭和24年に改番された車両。その後、窓の2段化や側面窓下への保護棒の取り付けを行っている。
撮影：亀井一男

古地図探訪

西代・板宿付近

長田方面から南西へ向けて伸びる路線が、西方向へ進路を変えるあたりに西代駅がある。地図は地上時代で、兵庫電気軌道開業以来の西代車庫があった。同車庫には、煉瓦造りの検車庫もあり時代を感じさせた。明石車庫とは異なり、神戸高速鉄道開業に伴う車庫移転はなく、当地に長い間存在した。しかし、市街地にあるため拡張が難しく、昭和53(1978)年に廃止され、東須磨へ移転した。

板宿駅も地上駅時代で、駅の南東には神戸市電板宿停留場があり、山陽電気鉄道との乗換駅だったことがわかる。市電の停留場は、路線廃止に伴い昭和46(1971)年3月に廃止された。

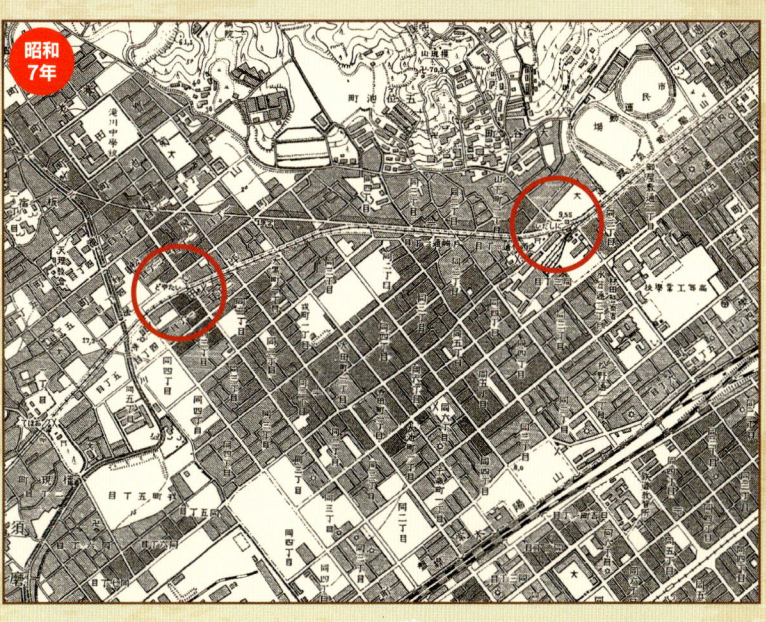

昭和7年

Higashi-suma St. / Tsukimiyama St. / Sumadera St.

東須磨・月見山・

昭和53年、東須磨に車庫を設置
名所旧跡にちなむ月見山と須磨寺の駅名

【東須磨駅】
開業年	明治43(1910)年3月15日
所在地	神戸市須磨区若木町1-1-1
キロ程	1.8km（西代起点）
駅構造	地上駅・橋上駅／2面4線
乗降客	1,625人

【月見山駅】
開業年	明治43(1910)年3月15日
所在地	神戸市須磨区月見山町2-2-1
キロ程	2.6km（西代起点）
駅構造	地上駅／2面2線
乗降客	2,674人

【須磨寺駅】
開業年	明治43(1910)年3月15日
所在地	神戸市須磨区須磨寺町1-13-1
キロ程	3.3km（西代起点）
駅構造	地上駅／2面2線
乗降客	937人

平成10年　撮影：山本雅生

◉阪急電鉄の乗り入れ
現在は新開地駅までしか乗り入れない阪急電鉄だが、当時は須磨浦公園駅まで乗り入れていた。

▶東須磨駅
駅は昭和43（1968）年3月に橋上駅舎化。昭和53（1978）年に東須磨車庫が設置された。

◀月見山駅
月見をした丘が由来という風情ある地名や駅名。須磨離宮公園の最寄駅だ。

平成20年　撮影：岩堀春夫

平成22年　撮影：岩堀春夫

　東須磨駅は大手駅として開業。大正6（1917）年に板宿駅間に新駅が開業し、そちらが大手駅となり（後に廃止）、当駅は須磨東口駅へ改称した。現駅名に改称したのは昭和19（1944）年のこと。昭和35（1960）年には離れていた下りホームを東へ100m移設。神戸高速鉄道開通による直通運転開始に備えて、昭和43（1968）年3月に折り返し線を設け、橋上駅舎化された。昭和53（1978）年には、西代車庫の機能を移した東須磨車庫を設置。その関係もあって、当駅始発終着の列車も設定されている。
　須磨離宮公園の最寄駅である月見山駅。公園には、在原業平の兄行平が月見をしたという丘があり、地名や駅名の由来になっている。開業当初の駅は東側に上りホーム、西側に下りホームを配置して離れていたが、昭和23（1948）年に上りホームを移設して相対式ホームにした。ちなみに、隣の須磨寺駅ではこの逆で、西側に上りホーム、東側に下りホームがあったのを、昭和3（1928）年に下りホームを移設して相対式ホームにした。
　須磨寺の地名や駅名は、北西の須磨寺から。源平合戦にゆかりのある寺で、大正2（1913）年開園の須磨寺遊園地もあった。平成4（1992）年に駅舎改築。平成7（1995）年1月発生の阪神・淡路大震災では、当駅を含む東須磨駅〜須磨寺駅間が同年2月に営業を再開した。

山陽電鉄本線

須磨寺
(すまでら)

昭和38年

▲須磨寺付近を走る200形
200形は、戦前から製造された形式で、昭和20年まで製造された。写真の225は、複電圧のタイプⅣの増備車で、昭和19年製のタイプⅤ。当時は、茶色からイエロークリームとネービーブルーに塗り替えられて走った。

撮影：山本雅生

平成7年

▶須磨寺駅
春先の須磨寺駅に停車する3000系普通の東須磨行き。

撮影：岩堀春夫

平成10年

▲東須磨付近で並ぶ山陽と阪急
神戸高速鉄道開業で須磨浦公園駅まで阪急車が運転されたが、平成10年2月に同駅乗り入れは休止された。写真は休止直前の撮影。

撮影：山本雅生

🚶 古地図探訪
東須磨・月見山・須磨寺付近

地図下は、神戸市電。右上の東須磨の市街地の上に須磨東口駅（現・東須磨駅）がある。大手町が近く、開業当時の駅名は大手駅だった。ちなみに、板宿間に別の大手駅が大正6（1917）年に新設され、当駅は大手駅から須磨東口駅になった。

月見山駅の北西に武庫離宮とあるのは、現在の須磨離宮公園。ここは元々、浄土真宗本願寺派第22世法主の大谷光瑞の別邸が建っていた地で、宮内庁が買収した後、大正3（1914）年に離宮が完成した。須磨寺駅の北西に駅名の由来になった須磨寺があり、寺院に隣接した池で貸しボートや桜見物などを楽しめる須磨寺遊園地があった。

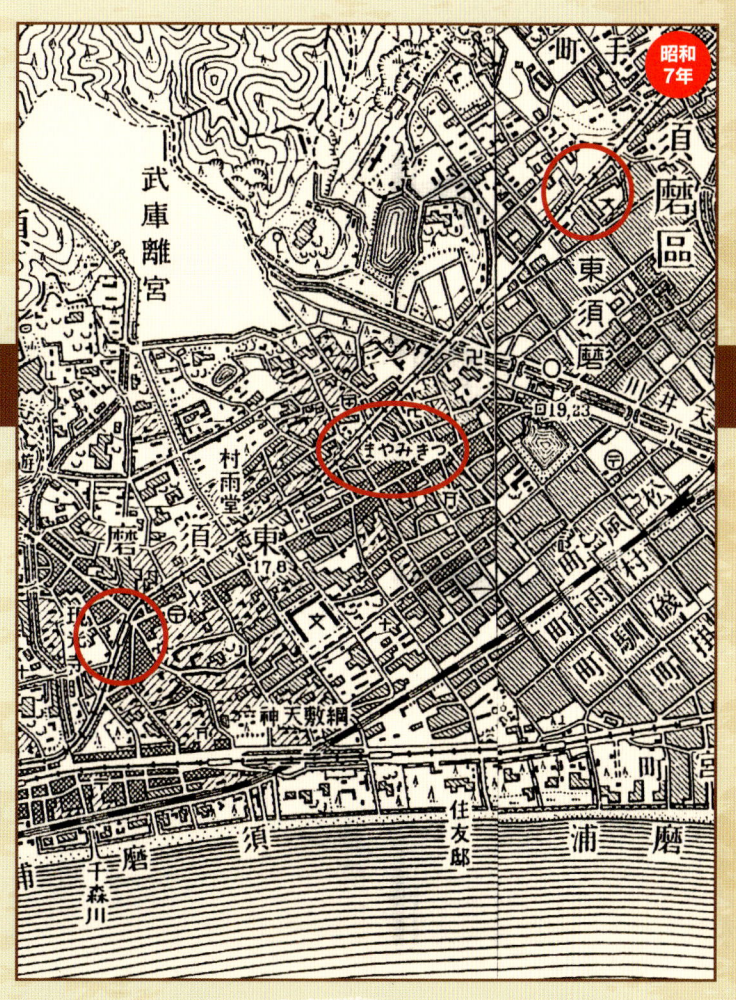

昭和7年

神戸市中央区 / 神戸市兵庫区 / 神戸市長田区 / 神戸市須磨区 / 神戸市垂水区 / 明石市 / 播磨町 / 加古川市 / 高砂市 / 姫路市

17

Sanyo-Suma St. / Sumaura-koen St. / Sanyo-Shioya St.

山陽須磨・須磨浦公園・山陽塩屋

戦後に須磨駅高架化や須磨浦公園駅開業
高架駅で震災から復活した山陽塩屋駅

【山陽須磨駅】

開業年	明治43(1910)年3月15日
所在地	神戸市須磨区須磨浦通5-7-2
キロ程	3.7km（西代起点）
駅構造	高架駅／2面4線
乗降客	1,745人

【須磨浦公園駅】

開業年	昭和22(1947)年10月1日
所在地	神戸市須磨区一ノ谷町5-3-2
キロ程	5.1km（西代起点）
駅構造	地上駅／2面2線
乗降客	367人

【山陽塩屋駅】

開業年	大正2(1913)年5月11日
所在地	神戸市垂水区塩屋町1-2-46
キロ程	6.8km（西代起点）
駅構造	高架駅／2面2線
乗降客	742人

昭和47年

▲電鉄須磨駅
昭和44年に改築された駅舎。山陽電車須磨駅の表示の左右に「ドレミファ噴水パレス」や「須磨浦ロープウェイ」の看板があり、ひと際目を引く。

昭和43年

▲須磨浦公園付近の300形
200形の機器を使って幅の広い車体を載せた300形。普通電車に使用された。

　明治43(1910)年3月に兵庫電気軌道の須磨終点駅(仮駅)が須磨寺駅寄りに開業。明治45(1912)年7月に現在地へ移転、須磨駅になり、一ノ谷駅(昭和18年休止、後廃止)まで延伸。大正6(1917)年に須磨駅前駅へ改称後、昭和18(1943)年に電鉄須磨駅になり、平成3(1991)年に山陽須磨駅へ改称した。昭和22(1947)年に高架化、昭和44(1969)年に駅舎を改築。昭和43(1968)年4月まで駅前の国道2号を神戸市電が走り、電停があった。

　須磨浦公園駅は、200mほど東にあった敦盛塚駅が併用軌道から専用軌道へ切り替え工事の際に昭和20(1945)年7月に休止され、代替の臨時駅(翌年通常駅に)として昭和22(1947)年10月に開業した。昭和32(1957)年9月18日に東側300mの位置へ移り、同日開業の須磨浦ロープウェイとの接続駅に。昭和43(1968)年2月に折り返し線を西側に設け、4月の神戸高速鉄道の開業で、乗り入れを開始した阪神や阪急の折り返し駅になった(阪急は平成10年2月に乗り入れ休止)。

　大正2(1913)年5月に一ノ谷駅から塩屋駅(現・山陽塩屋駅)まで延伸。大正6(1917)年の延伸で塩屋駅は途中駅になり、昭和7(1932)年の線路移設で山手に駅を移転した。昭和18(1943)年に電鉄塩屋駅へ改称。平成3(1991)年に現駅名へ。平成7(1995)年1月発生の阪神・淡路大震災では、周辺の盛土が崩れて駅が倒壊。東側の仮駅を経て、平成8(1996)年3月に高架駅が完成した。

山陽電鉄本線

▶電鉄須磨駅の200形

複電圧車として登場した流線形の2扉車。当時はすでに、トロリーポールからパンタグラフへ変えられている。大型車の車両限界にあわせてドアにステップが付いていた。

昭和37年
撮影・荻原二郎

昭和62年
撮影・岩堀春夫

▲須磨浦公園〜電鉄塩屋間の2000系タイプⅢ

2000系のタイプⅢは、普通鋼の台枠や骨組みに、ステンレスの外板を使ったスキンステンレス車。写真は活躍の末期で、2年後に廃車となった。

平成19年
撮影・岩堀春夫

▶須磨浦ロープウェイ やまびこ

須磨浦公園駅と鉢伏山上駅を結ぶ。神戸市街地や海岸のほか、山陽本線なども俯瞰できる。

平成20年
撮影・岩堀春夫

▶山陽塩屋駅

阪神・淡路大震災で大きく被災。平成8(1996)年3月に高架駅へ生まれ変わった。

古地図探訪　山陽須磨・須磨浦公園・山陽塩屋付近

鉄道省の山陽本線須磨駅の北に須磨駅前駅（現・山陽須磨駅）。当時はまだ高架化していない。近くに神戸市電の電停がある。須磨から塩屋にかけては現在では廃止された駅のオンパレード。源平合戦ゆかりの史跡付近に、一ノ谷駅、敦盛塚駅と続き両駅は休止を経て戦後に廃止された。戦後開業の須磨浦公園駅は、敦盛塚駅の西側になる。また、敦盛塚駅の西隣には、境浜海水浴駅（境浜駅）があった。

地図左側の山陽本線塩屋駅の左上に塩屋駅（現・山陽塩屋駅）。地図は山手への線路移設後で、海側の軌道時代には、当駅東に東塩屋駅があったが、昭和7(1932)年に廃止された。

昭和10年

神戸市中央区／神戸市兵庫区／神戸市長田区／神戸市須磨区／神戸市垂水区／明石市／播磨町／加古川市／高砂市／姫路市

19

Takinochaya St. / Higashi-Tarumi St. / Sanyo-Tarumi St. /
滝の茶屋・東垂水・山陽垂水・霞ヶ丘

昭和44年滝の茶屋橋上化、翌年東垂水も
電鉄垂水駅の高架化で開業した霞ヶ丘駅

昭和39年
🔺滝の茶屋駅
跨線橋が出来る前の滝の茶屋駅。構内踏切で渡った。
提供：山陽電鉄

昭和30年
🔺電鉄垂水駅付近
山陽電気鉄道では昭和24年に特急を再開。転換クロスシートの820・850形が活躍した。
撮影：荻原二郎

昭和45年
🔺東垂水駅
当時は、高台に上がると、今よりもさらに海がすっきり見えた。
提供：山陽電鉄

　滝の茶屋の由来は、かつて滝の近くに茶屋があったことから。当時は崖から海へ滝が流れ込んだという。ホームからは明石海峡や淡路島などの景色が広がる。昭和7（1932）年に線路移設のため、道路上の停留所から山手に駅を移設。昭和44（1969）年に橋上駅舎化された。

　兵庫電気軌道が敷設した路線は、東垂水駅付近で海側から山側へ入り、その途中で汽車時代の山陽本線を跨ぐが、宇治川電気時代の昭和7（1932）年に線路を移設し、山手のルートが新設された。駅は昭和45（1970）年に橋上駅舎になり、ホーム延伸を行った。

　山陽垂水駅は、垂水駅として開業し、電鉄垂水駅を経て平成3（1991）年に現駅名になった。かつては地平駅で、追い抜き可能な島式ホーム2面4線だったが、踏切解消や駅周辺の道路拡張で昭和42（1967）年に相対式ホーム2面2線の高架駅へ。追い抜き機能を隣の霞ヶ丘駅へ移した。JRの垂水駅が南に隣接し、駅周辺は神戸市西部屈指の商業地。1990年代からの再開発で西口と東口にバスターミナルが整備され、再開発ビルも建設された。

　霞ヶ丘駅は、電鉄垂水駅の追い越し機能を移す敷地がないために廃止となった歌敷山駅の代替駅で、昭和39（1964）年6月に開業。昭和40（1965）年に上下の副本線が完成し、電鉄垂水駅に代わって追い抜きを開始した。駅から東へ約200m戻ると五色塚古墳があり、かつては古墳のそばに五色山駅があった。

Kasumigaoka St.

山陽電鉄本線

【滝の茶屋駅】
開業年	大正6（1917）年4月12日
所在地	神戸市垂水区城が山1-1-1
キロ程	7.8km（西代起点）
駅構造	地上駅　橋上駅／2面2線
乗降客	2,764人

【東垂水駅】
開業年	大正6（1917）年4月12日
所在地	神戸市垂水区平磯2-1-1
キロ程	8.6km（西代起点）
駅構造	地上駅　橋上駅／2面2線
乗降客	570人

【山陽垂水駅】
開業年	大正6（1917）年4月12日
所在地	神戸市垂水区神田町1-37
キロ程	9.6km（西代起点）
駅構造	高架駅／2面2線
乗降客	10,971人

【霞ヶ丘駅】
開業年	昭和39（1964）年6月1日
所在地	神戸市垂水区五色山5-7-4
キロ程	10.7km（西代起点）
駅構造	高架駅／2面4線
乗降客	2,183人

古地図探訪　滝の茶屋・東垂水・山陽垂水・霞ヶ丘付近

　滝の茶屋駅からの海岸の眺望は有名だが、この当時は南側の埋立がされておらず、現在よりもよりワイドな海景色だった。兵庫電気軌道時代は、東垂水駅付近で山陽本線を跨いだが、地図は宇治川電気時代に建設された山手の新線へ移設後。

　明石郡垂水町は、昭和16（1941）年に神戸市へ編入して須磨区になり、後に垂水区へ。当時は昭和3（1928）年に町制施行した町で、その中心に垂水町。西には、五色塚古墳近くに五色山駅の記載。霞ヶ丘駅はまだ存在しない。地図左端の駅は、霞ヶ丘駅開業と引き換えに昭和39（1964）年廃止の歌敷山駅で、霞ヶ丘駅の約300m西にあった。

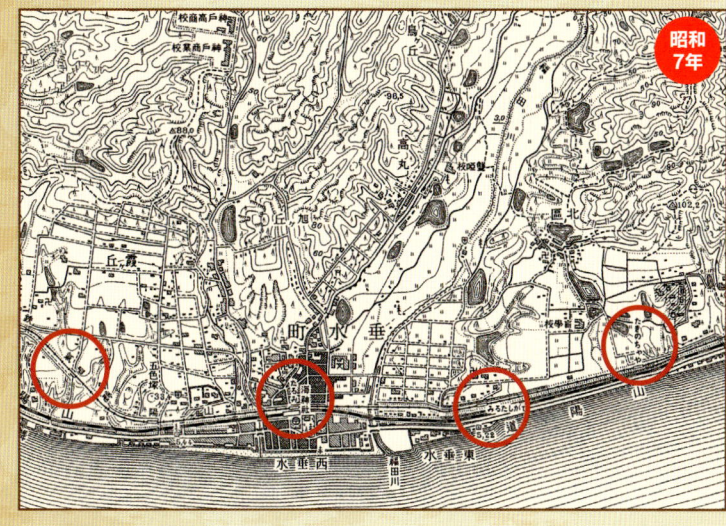
昭和7年

電鉄垂水駅（昭和40年頃）
地平時代の電鉄垂水駅を山側から見たところ。奥に見える高架は国鉄山陽本線。
提供：山陽電鉄

追い抜き設備完成間近の霞ヶ丘駅（昭和40年）
昭和39年開業で、昭和40年に上下副本線を追加。追い抜き設備竣工間近のひとコマ。
提供：山陽電鉄

滝の茶屋駅（平成20年）
ホームから海の景色がよく見える。右はJRの山陽本線。駅舎は昭和44年に橋上駅舎になった。
撮影：岩堀春夫

山陽垂水駅（平成20年）
全列車が停車する主要駅。乗降客数は山陽電気鉄道内で4位。
撮影：岩堀春夫

東垂水駅（平成20年）
高台の住宅地側にある北出入口。
撮影：岩堀春夫

東垂水駅（平成20年）
東垂水駅の全景。斜面に築かれた駅で、高台の住宅地へは橋上駅舎から階段を上る。
撮影：岩堀春夫

Maiko-koen St. / Nishi-maiko St. / Okuradani St. / Hitomarumae St.

舞子公園・西舞子・大蔵谷・人丸前

舞子駅だった舞子公園駅と西舞子駅 大蔵谷駅、人丸前駅に駅移転の歴史

【舞子公園駅】

開業年	大正6(1917)年4月12日
所在地	神戸市垂水区舞子台2-1-1
キロ程	11.5km（西代起点）
駅構造	地上駅・橋上駅／2面2線
乗降客	4,028人

【西舞子駅】

開業年	大正6(1917)年4月12日
所在地	神戸市垂水区西舞子2-6-1
キロ程	12.4km（西代起点）
駅構造	地上駅／2面2線
乗降客	1,922人

【大蔵谷駅】

開業年	大正6(1917)年4月12日
所在地	明石市大蔵八幡町7-10
キロ程	14.3km（西代起点）
駅構造	地上駅／2面2線
乗降客	2,167人

【人丸前駅】

開業年	大正6(1917)年4月12日
所在地	明石市大蔵天神町1-15
キロ程	14.9km（西代起点）
駅構造	高架駅／1面2線
乗降客	1,296人

▲舞子公園駅のモハ830（昭和47年）
800形モハ830として昭和24年竣工。後に通称で820形と呼称された形式。反対の連結面に簡易運転台を備えていた。特急用として登場した820形も、時代の流れで通勤形に格下げして使用されていた。
撮影：荻原二郎

▲舞子公園駅舎（昭和47年）
国鉄舞子駅に隣接しているこじんまりとした山陽電鉄舞子公園駅。現在は周辺に高層マンションなどが建ち風景が一変している。
撮影：荻原二郎

　舞子公園駅は、山陽本線を跨線橋で渡った西側に舞子駅として開業。この跨線橋に使用されたポニーワーレントラスは、明治9(1876)年に開業した官設鉄道向日町駅～大阪駅間の上神崎川橋梁から転用し、昭和60年代まで現役の後、一部が東二見車両基地で保存される。

　昭和10(1935)年に舞子公園駅へ改称。それまで山陽本線舞子駅と同じ駅名だった。昭和23(1948)年に駅は東側へ移転。平成10(1998)年に明石海峡大橋が開通し、駅周辺の開発が進み、平成13(2001)年には橋上駅舎化された。西舞子駅は開設当時の地名にちなんで山田駅として開業。昭和10(1935)年に舞子へ改称後、翌々年に西舞子駅へ改称された。この駅も改称まで山陽本線舞子駅と同じ駅名だった。昭和43(1968)年、横断地下道建設で駅の改札口を地下化した。

　開業時の大蔵谷駅は、現在地よりも東へ約1km先で、現在のJRの朝霧駅付近。昭和23(1948)年に西隣の明石高女前駅を廃止して駅を移転。昭和45(1970)年に跨線橋を新設した。人丸駅の駅名は、柿本人麻呂を祀る人丸社に由来。開業時は現在の国道2号沿いで、昭和6(1931)年の線路移設で現在地付近へ。平成3(1991)年4月、明石市内連続立体化で島式ホーム1面2線の高架駅になった。ホームに日本標準時子午線を示すマークがある。

山陽電鉄本線

平成15年

舞子公園駅
撮影：岩堀春夫
平成13年9月に橋上駅舎化。駅前に超高層ビルなどが建ち、昔とは風景が一変している。

平成20年

人丸前駅
撮影：岩堀春夫
駅は、明石市内連続立体化にともない、平成3年に高架化された。

昭和43年

大蔵谷駅
撮影：荻原二郎
駅を発車した非貫通3枚窓の250形。250形は、車体の大型化に寄与した形式。神戸高速鉄道開業日に撮影された一枚で、新開地～姫路間の運転を示す行先板が前面に見える。駅に跨線橋はまだなく、左奥に写るのは国鉄山陽本線。

平成19年

西舞子駅
撮影：岩堀春夫
ホームは地上にあるが、改札口は地下にある駅。改札口の地下化は昭和43年。ホームの幅が狭い。横は国道2号。

古地図探訪

舞子公園・西舞子・大蔵谷・人丸前付近

舞子公園駅（地図当時は舞子駅）は、昭和23（1948）年に東へ移転するまで、鉄道省の山陽本線を越えた西側にあった。山陽本線を跨いだ跨線橋は、昭和60年代まで明治期のポニーワーレントラス（転用品）が使用されていた。山田駅とあるのは、現在の西舞子駅。当時の大蔵谷駅は、朝霧川を境にして東側にあったが、戦後に西約1km先の明石高女前駅へ移転した。地図には、線路の向うに明石高等女学校を示す高女校とある。

地図は、大蔵谷駅から人丸前駅、明石駅前駅方面に向けて、昭和6（1931）年に移設された新路線が記載されている。移設前は、線路下の道路に沿って軌道が敷かれていた。

昭和4年

神戸市中央区
神戸市兵庫区
神戸市長田区
神戸市須磨区
神戸市垂水区
明石市
播磨町
加古川市
高砂市
姫路市

Sanyo-Akashi St. / Nishi-shimmachi St.

山陽明石・西新町

東の兵庫電軌と西の神姫電鉄の駅を統一
明石車庫・車両工場が隣接した西新町駅

【山陽明石駅】
開業年	大正6（1917）年4月12日
所在地	明石市大明石町1-4-1
キロ程	15.7km（西代起点）
駅構造	高架駅／2面4線
乗降客	28,545人

【西新町駅】
開業年	大正12（1923）年8月19日
所在地	明石市西新町3-16-2
キロ程	16.9km（西代起点）
駅構造	高架駅／2面2線
乗降客	4,299人

大正13年　提供：山陽電鉄

◀神姫電鉄の明石駅
宇治川電気によって兵庫電気軌道の明石駅前駅に統合されるまで使用された神戸姫路電気鉄道の駅。後にこの駅跡に新しい駅が建設された。

◁山陽明石駅
明石市内連続立体化工事で平成3年に高架駅になり、同年、電鉄明石から山陽明石へ駅名改称した。

現在

◁山陽明石駅
現在の南口の様子。播磨地方有数のターミナルである。

平成15年　撮影：岩堀春夫

　兵庫電気軌道は、大正6（1917）年4月に塩屋駅（現・山陽塩屋駅）〜明石駅前駅（現・山陽明石駅）〜明石駅（昭和6年廃止）間を開業し、兵庫〜明石間を結んだ。明石駅は明石港付近に位置し、播淡聯絡汽船との乗換駅だった。明石駅前駅は、明石駅前交差点の北西で、山陽本線明石駅と離れていた。大正12（1923）年8月には、神戸姫路電気鉄道が明石駅（現・山陽明石駅）〜姫路駅前駅（現・山陽姫路）間を開業。山陽本線明石駅の南に駅を設置した。

　昭和2（1927）年に両社を合併した宇治川電気は、両社の路線を結び兵庫〜姫路間の直通運転を計画。旧神戸姫路電気鉄道の駅を廃止し、旧兵庫電気軌道の駅に統一。前者は1500V、後者は600Vで、異なる架線電圧の克服のため、旧兵庫電気軌道の車両規格で複電圧車を導入して昭和3（1928）年に兵庫〜姫路間の直通運転を開始した。昭和6（1931）年12月に旧神戸姫路電気鉄道の駅跡を駅を移転。平成3（1991）年にJR側へ寄り高架化された。

　西新町駅には、神戸姫路電気鉄道時代からの明石車庫・明石車両工場が昭和40年代初めに東二見へ移転するまであった。駅は昭和46（1971）年に橋上駅舎化。単式ホーム1面、島式ホーム1面の3線から島式ホーム側の3番線が撤去され、2面2線に。平成27（2015）年6月に高架駅になった。

山陽電鉄本線

古地図探訪

山陽明石・西新町付近

昭和6（1917）年12月に旧神戸姫路電気鉄道の駅跡に新しい明石駅前駅（現・山陽明石駅）が開設された。前日に廃止の明石駅前駅〜明石駅（港側にあった駅）間は地図にない。現在の高架化された山陽明石駅や本線は、JRの高架線や高架駅と並行する。東隣の駅は、昭和18（1943）年休止の遊園地前駅で、昭和21（1946）年に廃止された。

西新町駅の西側には引込線が見られ、神戸姫路電気鉄道時代に開設された明石車庫や明石車両工場が見られる。同車庫や車両工場は、高度経済成長期に周辺が建て込み拡張が困難なため東二見へ移転したが、当時は田畑が広がっていた。

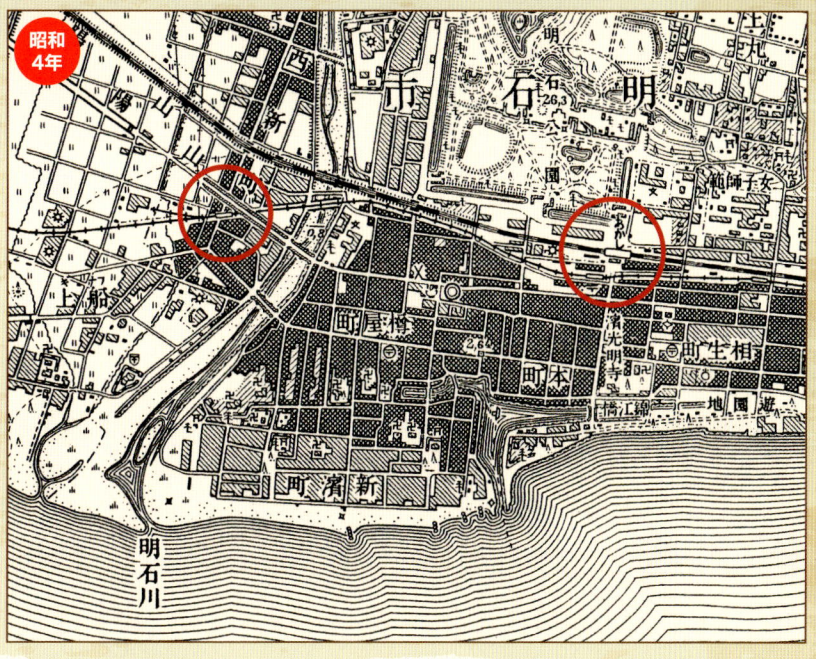
昭和4年

昭和36年
▲電鉄明石駅
820形・850形は明るい濃紺とクリームのツートンカラーだった。この頃になると特急運用は新型車両へと移行し始めた。
撮影：荻原二郎

平成19年
▲西新町駅
昭和46年に橋上駅舎になり、平成27年に高架化された。
撮影：岩堀春夫

大正時代
▶明石駅前
明石駅前には当時から多くの商店が並んでいた。
所蔵：生田誠

昭和43年
▲電鉄明石駅
3000系アルミ合金車が駅舎脇の踏切を渡る。駅舎は、駅東側にあった電鉄明石駅の正面出入口。後に改装されて長い間玄関口だったが、当駅の高架化で役目を終えた。
撮影：荻原二郎

林崎松江海岸・藤江・江井ヶ島・西江井ヶ島

Hayashisaki-matsuekaigan St. / Fujie St. / Nakayagi St. /

軍需目的で開設された電鉄林崎駅
神戸姫路電気鉄道開業と同時設置の4駅

【林崎松江海岸駅】
開業年	昭和16(1941)年5月3日
所在地	明石市南貴崎町4-1
キロ程	18.4km（西代起点）
駅構造	地上駅／2面2線
乗降客	5,431人

【藤江駅】
開業年	大正12(1923)年8月19日
所在地	明石市藤江大塚1701-3
キロ程	20.4km（西代起点）
駅構造	地上駅／2面3線
乗降客	2,942人

平成18年
▲林崎松江海岸駅
三角形の屋根の北口駅舎があり、南口にもよく似た雰囲気の駅舎があるが、南口駅舎（写真）の三角形は正面の飾りのみ。ホーム間は地下道で連絡している。

平成18年
▲藤江駅
藤江競馬場最寄りの臨時駅跡地に通常駅として開業。元の藤江駅がこの地に移転した。

電鉄林崎駅は、川崎航空機明石工場の従業員輸送を図るため、戦時体制下に開業。昭和20(1945)年に地下道が空襲で被災し閉鎖されたが、昭和41(1966)年に再び供用を開始した。現駅名への改称は平成3(1991)年。

現在の藤江駅の位置は、明石競馬場の利用者を対象に昭和3(1928)年に開設された臨時駅があった場所で、その後同駅は競馬場廃止で昭和13(1938)年に休止したが、競馬場跡地に住宅地が開発されたことで、約200m東にあった藤江駅が昭和18(1943)年に移転した。

中八木駅は、昭和45(1970)年に駅舎改築やホーム延伸に加え、上下ホームを結ぶ地下道を設置した。昭和59(1984)年には、駅の北側に県立明石城西高校が開校。駅舎と反対側の上りホームに同校用の臨時出口がある。

江井ヶ島駅南西の赤根川河口は、行基が開いた古代の摂播五泊の魚住泊とされている。江井ヶ島の地名は、大きなエイが港を泳いでいた時に行基が酒を飲ませて外へ出したなどの伝承が由来という。昭和45(1970)年に駅舎改築とホーム延伸を行い、上下ホーム間の地下道が設置された。西江井ヶ島駅は、江井ヶ島西口駅で開業。昭和19(1944)年に現駅名へ改称した。駅周辺は多数の酒蔵が並び栄えた地。東の灘に対して西灘と呼ばれた。現在も「神鷹」で知られる江井ヶ嶋酒造などがある。

Eigashima St. / Nishi-eigashima St.

中八木・

【中八木駅】

開業年	大正12（1923）年8月19日
所在地	明石市大久保町八木道重110-2
キロ程	21.8km（西代起点）
駅構造	地上駅／2面2線
乗降客	2,757人

【江井ヶ島駅】

開業年	大正12（1923）年8月19日
所在地	明石市大久保町江井字辻鼻837
キロ程	23.5km（西代起点）
駅構造	地上駅／2面2線
乗降客	3,861人

【西江井ヶ島駅】

開業年	大正12（1923）年8月19日
所在地	明石市大久保町西島高見800-1
キロ程	24.9km（西代起点）
駅構造	地上駅／2面2線
乗降客	3,535人

古地図探訪　林崎松江海岸・藤江・中八木・江井ヶ島付近

　昭和16（1941）年開業の電鉄林崎駅（現・林崎松江海岸駅）は未開業。藤江駅は、現在地とは異なり、東約200mに所在した。地図には記載がないが、明石競馬場の近くに競馬場開催日用の臨時駅があった。そこが現在の藤江駅だ。中八木駅は、街道沿いの大久保村中八木の北側にあり、二つに分かれる同村八木の集落の中間に位置する。大久保村は昭和13（1938）年に大久保町に、昭和26（1951）年に明石市へ編入合併した。

　江井ヶ島駅の東にある池は現在もある。駅の西方に赤根川が流れ、古代の河口は摂播五泊の魚住泊だった。西江井ヶ島駅は、当時は、江井ヶ島西口駅。酒蔵で繁栄した。

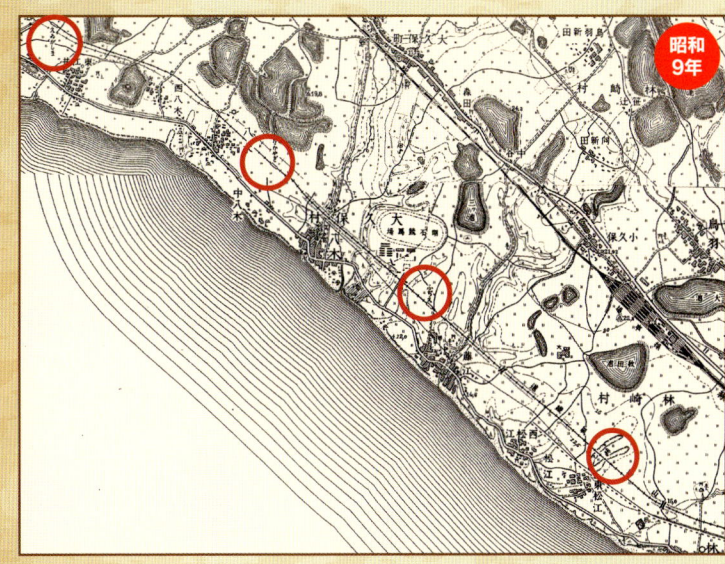

昭和9年

平成19年　撮影：岩堀春夫

◉中八木駅

県立明石城西高校が昭和59年に開校し、利用客が増えた。

平成20年　撮影：岩堀春夫

◉江井ヶ島駅

かつては、駅東側に貨物用の側線が存在した。

平成21年　撮影：岩堀春夫

◀西江井ヶ島駅

開業時は江井ヶ島西口駅だったが、昭和19（1944）年に西江井ヶ島駅に改称。

昭和30年代　撮影：満田新一郎

◉懐かしの山陽電気鉄道バス

明石駅前を出発する的形線「藤江」行き。当時のカラーは白・濃緑の地味なものであった。服装からすると夏の光景と思われる。

山陽電鉄本線

Sanyo-Uozumi St. / Higashi-futami St. / Nishi-futami St.

山陽魚住・東二見・西二見

昭和36年、国鉄駅開業で電鉄魚住に東二見に車庫・工場移転、新設の西二見

【山陽魚住駅】
所在地	大正12（1923）年8月19日
ホーム	明石市魚住町中尾出口976-3
乗降人数	25.6km（西代起点）
開業年	地上駅／2面2線
キロ程	2,178人

【東二見駅】
開業年	大正12（1923）年8月19日
所在地	明石市二見町東二見藤寄417-9
キロ程	27.3km（西代起点）
ホーム	地上駅・橋上駅／3面5線
乗降人数	8,097人

【西二見駅】
開業年	平成16（2004）年8月21日
所在地	明石市二見町西二見1481-2
キロ程	28.6km（西代起点）
ホーム	地上駅／2面2線
乗降人数	5,023人

昭和42年頃

提供：山陽電鉄

🔴東二見駅
昭和40年代はじめに車庫や工場が西側に移転し、橋上駅舎化や駅の拡張が行われた。写真は橋上駅舎化される前の同駅。

平成20年

撮影：岩堀春夫

🔴山陽魚住駅
昭和36年に国鉄山陽本線に魚住駅が開業し、電鉄魚住駅に改称。それまで当駅が魚住駅だった。平成3年に現駅名へ改称。

　明石駅まではJRの山陽本線と近接して走るが、明石川付近からJRとは大きく間隔が開くようになる。しかし、山陽魚住駅付近では山陽本線がやや近づき、JRにも魚住駅がある。ただし、山陽魚住駅とは約750m離れていて、垂水駅のような近さではない。駅の歴史は、山陽魚住駅のほうが長く、魚住駅として大正12（1923）年に開業。JRの魚住駅は、国鉄時代の昭和36（1961）年に新設。ただし、国鉄駅の開業で当駅は電鉄魚住駅に。現駅名に改称したのは平成3（1991）年である。

　開業時の東二見駅は、踏切の東西で上り下りのホームが分かれたが、昭和16（1941）年に西側へホームをまとめた。昭和41（1966）年に明石車庫、昭和43（1968）年に明石車両工場が駅西側に移転し、橋上駅舎化やホーム改良などを行い、重要な駅になった。島式ホーム3面5線で、1面は当駅で車両交換を行う列車用のホーム。4番線と5番線に挟まれ、姫路方面から4番線に到着の列車は両扉を開け、乗換客は5番線の列車に乗り換える。車両交換用ホームのため、駅舎とは連絡していない。

　西二見は平成16（2004）年8月開業の新設駅。山陽電気鉄道内の駅では一番新しく開業。改札口は半地下構造で、南北自由通路とつながっている。駅周辺では宅地開発が行われ、駅開設にあわせて大型スーパーも開店している。

山陽電鉄本線

平成21年

◀ 東二見車両基地
東二見駅から見た車両基地の様子。駅の姫路方にある。

▼ 西二見駅
平成16年に新設開業した西二見駅。駅前ロータリーも備えた半地下構造の駅。

平成19年

撮影：岩堀春夫

昭和59年

◀ 東二見車両基地
山陽電気鉄道の事業用車3。旅客車のような3枚窓が印象的でもある。

撮影：亀井一男

撮影：岩堀春夫

古地図探訪
山陽魚住・東二見・西二見付近

　当時は、電鉄魚住駅ではなく魚住駅。地図の上に鉄道省の山陽本線があり、同線に魚住駅が設置されるのは昭和30年代のこと。この時に当駅は電鉄を付けた。
　東二見と西二見の集落があるが、西二見駅は平成16（2004）年の開業。東二見駅は、ふたみになっている。車庫や車両工場が設置されるのは昭和40年代で、当時の地図には姿形がなく、下りホームは踏切の東側にあった。下りホームが踏切の西側に移設されたのは昭和16（1941）年のこと。地図の当時は、明石市ではなく、昭和2（1927）年に町制施行した加古郡二見町で、東二見の中心部の左側に町役場の記号が見られる。

昭和9年

神戸市中央区 / 神戸市兵庫区 / 神戸市長田区 / 神戸市須磨区 / 神戸市垂水区 / 明石市 / 播磨町 / 加古川市 / 高砂市 / 姫路市

Harimacho St. / Befe St. / Hamanomiya St. / Onoenomatsu St.
播磨町・別府・浜の宮・尾上の松

町名の播磨町駅、開業時から高架の別府
浜の宮は松林近く、高砂線に尾上駅も

電鉄別府駅付近
電鉄本荘駅(現・播磨町駅)〜電鉄別府駅(現・別府駅)間の風景。同区間には、現在も中の池などの池が点在している。写真は、山陽新幹線の高架工事が開始される前。

播磨町駅
平成3年に改称するまでは、電鉄本荘駅だった。

浜の宮駅
戦時下では、陸軍加古川飛行場の最寄駅だった。駅舎は昭和44年に改築。

　古くからの地名で電鉄本荘駅だったが、平成3(1991)年に現駅名へ改称。播磨町の町制は昭和37(1962)年で、それまでは兵庫県唯一の村だった。昭和62(1987)年の地下道開通にともない改札口を地下化した。

　別府駅は、別府北口駅として開業。電鉄別府駅を経て、平成3(1991)年に現駅名に。当駅は、山陽明石〜山陽姫路間の途中では唯一の高架駅。これは、かつて当駅で立体交差した別府鉄道の名残で、高架駅で同鉄道を乗り越していたため。高架上のホームへ上がると、北側すぐ横を山陽新幹線が駆け抜けている。

　浜の宮駅の南側の浜の宮公園は、万葉集などで度々登場する「加古の松原」として知られたところ。戦時中は陸軍加古川飛行場や兵舎などの軍施設が建ち並び様相が一変したが、現在は松林に恵まれた総合公園になっている。昭和44(1969)年に駅舎改築や上下ホームを結ぶ地下道の開設などを行った。

　尾上の松駅は、昭和40(1965)年に西約300mへ移転。かつては、国鉄高砂線(昭和59年廃止)と山陽電気鉄道が立体交差するあたりにあり、跨線橋下の国鉄尾上駅と近接した。山陽電気鉄道は、尾上駅〜高砂北口駅間で高砂線と並行し、加古川では両線の橋梁が並んだ。能の高砂で知られる尾上の松は、駅南東の尾上神社にある。

【播磨町駅】

開業年	大正12(1923)年8月19日
所在地	加古郡播磨町野添松の内3-10-1
キロ程	29.9km（西代起点）
駅構造	地上駅／2面2線
乗降客	4,870人

【別府駅】

開業年	大正12(1923)年8月19日
所在地	加古川市別府町朝日町10
キロ程	32.2km（西代起点）
駅構造	高架駅／2面2線
乗降客	8,303人

【浜の宮駅】

開業年	大正12(1923)年8月19日
所在地	加古川市尾上町口里789
キロ程	34.1km（西代起点）
駅構造	地上駅／2面2線
乗降客	4,135人

【尾上の松駅】

開業年	大正12(1923)年8月19日
所在地	加古川市尾上町今福283-2
キロ程	35.5km（西代起点）
駅構造	地上駅／2面2線
乗降客	3,582人

昭和57年

撮影：岩堀春夫

▲別府鉄道の列車
別府駅で立体交差していた別府鉄道ののどかな姿。写真は土山線（別府港駅〜土山駅間）の列車で、ディーゼル機関車がダブルルーフ＆オープンデッキの古典客車を牽引していた。

▶別府駅
別府鉄道を乗り越していた関係で開業時からの高架駅。隣を山陽新幹線が走る。

平成19年

撮影：岩堀春夫

◀尾上の松駅
写真は現在地の駅。移転前は、国鉄高砂線尾上駅の近くに駅があった。

平成20年

撮影：岩堀春夫

古地図探訪
播磨町・別府・浜の宮・尾上の松付近

地図には、前身の神戸姫路電気鉄道の名がある。右端に「ほんじやう」とあるのは、現在の播磨町駅。当時は駅西方の地名から電鉄本荘駅で、平成3(1991)年の改称まで続いた。別府駅は、当時はまだ別府北口駅で、電鉄別府駅への改称は昭和19(1944)年。東西から別府軽便鉄道（後の別府鉄道）が交わり、先に両線が開通していたため、当時では珍しい高架駅になった。浜の宮駅付近には、まだ陸軍加古川飛行場が無く、万葉集に詠われた「加古の松原」の風情を楽しむことができた。

地図当時の尾上の松駅は、播州鉄道（後の国鉄高砂線）を跨ぐ上に位置し、播州鉄道尾上停留場よりも東側にあった。

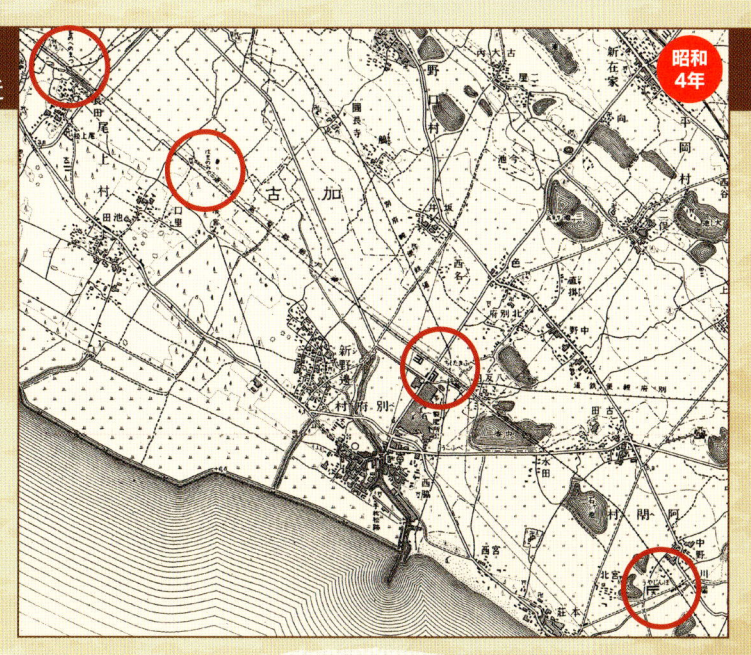

昭和4年

Takasago St. / Arai St. / Iho St.
高砂・荒井・伊保
駅前で国鉄高砂線と接続した電鉄高砂
工業地帯最寄りの荒井、伊保は港名由来

【高砂駅】
開業年	大正12（1923）年8月19日
所在地	高砂市高砂町浜田町2-1-1
キロ程	37.3km（西代起点）
駅構造	地上駅／2面4線
乗降客	7,963人

【荒井駅】
開業年	大正12（1923）年8月19日
所在地	高砂市荒井町扇町20-22
キロ程	38.5km（西代起点）
駅構造	地上駅／2面2線
乗降客	10,530人

【伊保駅】
開業年	大正12（1923）年8月19日
所在地	高砂市伊保港町1-10-1
キロ程	39.7km（西代起点）
駅構造	地上駅／2面2線
乗降客	2,695人

昭和56年
撮影：安田就視

◆加古川橋梁の風景
加古川橋梁では国鉄高砂線と並んだ。同線には高砂工場があり写真のような回送列車の姿（左側）も見られた。

▶荒井駅
戦前から駅近くに大きな工場が建ち、現在も駅近くや海側に大規模な工場群があり、駅の利用者は比較的多い。

平成22年
撮影：岩堀春夫

◀高砂駅
駅は昭和33年に移転。国鉄高砂線の高砂北口駅が隣接したが、昭和59年に高砂線は廃止された。

平成19年
撮影：岩堀春夫

　高砂駅は、高砂町駅として開業。開業の翌年の大正13（1924）年に電鉄高砂駅へ改称。昭和33（1958）年、西へ約100m移転し、上下ホーム連絡地下道付の駅になり、下り副本線を追加、昭和42（1967）年に上り副本線も追加された。現駅名への改称は平成3（1991）年。

　駅南側すぐに国鉄高砂線の高砂北口駅があった。同駅は、昭和5（1930）年に播丹鉄道の高砂北口停留場として開設、昭和18（1943）年に播丹鉄道の国有化時に高砂北口駅へ。昭和59（1984）年の高砂線廃止で、同線の高砂駅とともに廃止された。

　荒井駅近辺には、キッコーマン高砂工場やタクマ播磨工場があり、駅の南方には、三菱重工業高砂製作所や神戸製鋼高砂製作所などの工業地帯が広がる。この南方の工業地帯は、大阪陸軍造兵廠播磨製造所の跡地利用で、昭和59年に閉鎖した国鉄高砂工場もあり、現在は、高砂工業公園やサントリープロダクツ高砂工場だ。工業地帯の最寄駅のため、山陽電気鉄道内の乗降客数は上位で、高砂駅よりも多い。

　伊保駅の上下ホームは、地下道ではなく構内踏切で結ばれる。昭和57（1982）年に駅舎を改築。駅所在地名の伊保港は、京から大宰府へ向かう途中の菅原道真が上陸したと伝わる地で、当時の海は駅近くまであった。

山陽電鉄本線

昭和57年

▲**国鉄高砂駅**
電鉄高砂駅隣接の国鉄高砂北口駅の南にあった国鉄高砂駅。旅客のほかに貨物も取扱った。駅は、昭和59年12月の高砂線廃止で営業を終えた。

撮影：岩堀春夫

昭和初期 所蔵：生田 誠

▲**三菱製紙高砂工場の社宅**
明治34年に神戸製作所が高砂に工場を建設。37年には三菱製紙所となり、大正14年まで本社所在地でもあった。

現在

▶**高砂線廃線跡**
遊歩道として整備されている国鉄高砂線の廃線跡。

撮影：高野浩一

平成20年

▲**伊保駅**
構内踏切で上下ホームが連絡。駅舎は昭和57年に改築。

撮影：岩堀春夫

🚶 古地図探訪
高砂・荒井・伊保付近

市街地の上で、前身の神戸姫路電気鉄道（神姫電鉄）と播州鉄道（後の国鉄高砂線）が分かれ、神姫電鉄の電鉄高砂駅がある。播州鉄道線は、大正12(1923)年に播丹鉄道になる。電鉄高砂駅に隣接して、播丹鉄道の高砂北口停留場が昭和5(1930)年に新設されるが、当地図にはまだ無い。播州鉄道は、市街地の高砂駅を経て、高砂浦駅（後の高砂港駅）まで延び、昭和59(1984)年2月の国鉄高砂線高砂駅～高砂港駅間廃止まで存続し、高砂線加古川駅～高砂駅間は同年12月に廃止された。

ちなみに、荒井駅の北西にあった国鉄高砂工場も、高砂駅から分岐した貨物線も、この地図の当時はまだ存在していない。

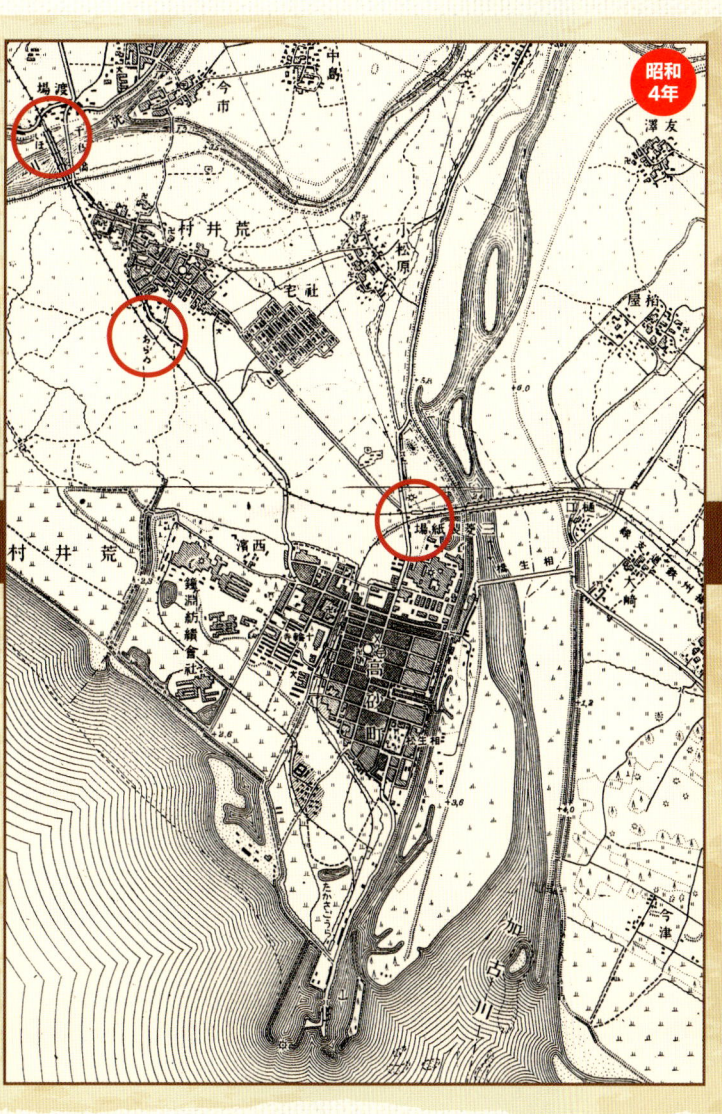

昭和4年

神戸市中央区 | 神戸市兵庫区 | 神戸市長田区 | 神戸市須磨区 | 神戸市垂水区 | 明石市 | 播磨町 | 加古川市 | **高砂市** | 姫路市

Sanyo-Sone St. / Oshio St. / Matogata St. / Yaka St.

山陽曽根・大塩・的形・八家

曽根は天満宮、大塩は塩田に由来の地名
的形、八家の地名も古く、駅名に採用

【山陽曽根駅】

開業年	大正12（1923）年8月19日
所在地	高砂市曽根町入江浜2505-5
キロ程	41.3km（西代起点）
駅構造	地上駅／2面2線
乗降客	3,532人

【大塩駅】

開業年	大正12（1923）年8月19日
所在地	姫路市大塩町宮前2088-3
キロ程	42.8km（西代起点）
駅構造	地上駅／2面4線
乗降客	4,766人

【的形駅】

開業年	大正12（1923）年8月19日
所在地	姫路市的形町的形小島東1754-3
キロ程	44.2km（西代起点）
駅構造	地上駅／2面2線
乗降客	2,007人

【八家駅】

開業年	大正12（1923）年8月19日
所在地	姫路市八家前浜1276-2
キロ程	46.2km（西代起点）
駅構造	地上駅／2面2線
乗降客	2,903人

昭和61年

▲八家付近
3050系の特急阪急六甲行。この車両は登場時から冷房装置が備わっていた系列。山陽電鉄沿線には潮干狩り場が点在しアクセスをPRするヘッドマークが掲げられていた。

平成19年

▲大塩駅
全ての種別が停車する駅だが、両端が踏切で、構内踏切もあり、ホームの制限から一部列車では全ての車両のドアが開かない。

　山陽曽根駅は、曽根天満宮の最寄駅。境内の霊松殿には、菅原道真の手植えと伝わる「曽根の松」の幹が保存される。開業当時の駅名は曽根町、翌年の大正13（1924）年に電鉄曽根に改称。平成3（1991）年に山陽曽根となる。現在の駅舎は平成元（1989）年に誕生した。

　大塩駅のある姫路市大塩町は、昭和34（1959）年に姫路市へ合併するまで独立した自治体の印南郡大塩町で、昔は塩田で栄えた。駅構内は神戸方、姫路方ともに踏切が近く、さらに構内踏切もあるため、これ以上のホーム延伸は困難で、構内踏切に支障しない下り待避線の1番線のみ6両に対応し、3番線に発着する6両編成の直通特急などでは最後尾車両のドアが開閉されない。

　的形駅南の海岸は、的形潮干狩場・海水浴場として知られ、約1kmの絶壁が続く小赤壁の景勝地もある。旧駅舎は道路拡幅で解体され、昭和47（1972）年に新築された。的形～八家駅間の的形トンネルには、神戸姫路電気鉄道開業当時の煉瓦造りのトンネルポータルが残る。

　八家駅は、八家川の東に位置し、かつて西側には貨物側線もあったが、昭和41（1966）年12月に貨物営業が廃止され、昭和43（1968）年に貨物側線を撤去した。現駅舎は昭和57（1982）年に誕生。駅周辺は「灘のけんか祭り」で有名な松原八幡神社の氏子が代々暮らす地区だ。

山陽電鉄本線

平成19年

◀的形駅
昭和47年新築の駅舎で、旧駅舎は道路拡幅工事にともない姿を消した。

撮影：岩堀春夫

平成19年

◀八家駅
昭和40年代はじめまで貨物側線があった。現在の駅舎は昭和57年築。

撮影：岩堀春夫

平成20年

◀山陽曽根駅
曽根町駅として開業。三角屋根の現駅舎は平成元年に登場した。

撮影：岩堀春夫

🚶 古地図探訪

山陽曽根・大塩・的形・八家付近

　地図右に山陽電気鉄道の記載。昭和8（1933）年に宇治川電気から分離して設立された。電鉄曽根駅の上に曽根天満宮があり、曽根松と記されている。菅原道真が手植したと伝承され、昭和27(1952)年に枯死するが、当時は国の天然記念物だった。曽根は、現在は高砂市だが、当時は独立した自治体の曽根町で、大塩や的形も、まだ姫路市ではなく大塩町（地図では村とあるが、大正15年に町制施行）や的形村だった。

　大塩は、かつて塩田で栄えた町。山陽電気鉄道付近から海岸に向けて塩田が広がった。的形駅から的形トンネルを抜ければ、八家川の東に八家駅がある。

昭和22年

神戸市中央区 / 神戸市兵庫区 / 神戸市長田区 / 神戸市須磨区 / 神戸市垂水区 / 明石市 / 播磨町 / 加古川市 / 高砂市 / 姫路市

35

Shirahamanomiya St. / Mega St. / Shikama St. / Kameyama St.

白浜の宮・妻鹿・飾磨・亀山

例大祭下車駅の白浜の宮、妻鹿は雌鹿から
網干線分岐の飾磨、飾磨港線並行の亀山

【白浜の宮駅】
開業年	大正12（1923）年8月19日
所在地	姫路市白浜町塩辛町甲330-2
キロ程	47.6km（西代起点）
駅構造	地上駅・橋上駅／2面2線
乗降客	4,209人

【妻鹿駅】
開業年	大正12（1923）年8月19日
所在地	姫路市飾磨区妻鹿出口22-6
キロ程	49.0km（西代起点）
駅構造	地上駅／2面2線
乗降客	2,372人

【飾磨駅】
開業年	大正12（1923）年8月19日
所在地	姫路市飾磨区清水40
キロ程	50.9km（西代起点）
駅構造	地上駅／2面3線
乗降客	8,199人

【亀山駅】
開業年	大正12（1923）年8月19日
所在地	姫路市亀山町高福地208-3
キロ程	52.3km（西代起点）
駅構造	地上駅／2面2線
乗降客	2,021人

昭和16年
提供：山陽電鉄

●電鉄飾磨駅
電鉄飾磨駅の旧駅舎。堂々たる構えの2階建て駅舎だった。

平成19年
撮影：岩堀春夫

●妻鹿駅
昭和58年改築の駅舎が建つ。緩やかなカーブ上に駅がある。

　白浜の宮駅は、秋季例大祭「灘のけんか祭り」で知られる松原八幡神社の最寄駅。開催日にはラッシュ時以外の特急・直通特急も停車する。昭和47（1972）年に橋上駅舎化。平成21（2009）年3月にラッシュ時の特急と直通特急の停車駅に。妻鹿は、鮮魚の市場で栄え、地名は雄鹿が家島諸島へ渡り、雌鹿がとどまったことに由来する。

　「灘のけんか祭り」で勇壮な姿を見せる松原八幡神社の氏子の地。黒田孝高（官兵衛）ゆかりの妻鹿城址は駅の北方にあり。昭和58（1983）年に駅舎を改築した。

　飾磨駅は、櫛形ホーム2面3線で、内側の1線（網干線）がホーム間に挟まれた行止り式。かつては、内側2線で、当駅で折り返して網干線と姫路駅間を直通運転したが、平成3（1991）年4月に直通運転を廃止した。東口は櫛形ホームの頭端部にあったが閉鎖。駅舎は南の姫路寄りで、昭和55（1980）年竣工のビル内に改札口がある。飾磨車庫は駅西側の本線と網干線の間。昭和61（1986）年廃止の播但線（飾磨港線）の飾磨駅は西方約700mだった。

　亀山駅の東に亀山本徳寺（亀山御坊）があり、亀山御坊駅として開業。昭和44（1969）年に駅舎改築、上下ホームを結ぶ地下道も開設された。当駅西側の遊歩道には、昭和61（1986）年廃止の播但線（飾磨港線）の亀山駅の跡があり、小さなホーム跡が保存されている。

▶飾磨駅
駅南側姫路寄りに建つ3階建てのビルに改札口がある。

平成19年

昭和56年

▲電鉄亀山駅付近
電鉄亀山駅付近を走る2000系ステンレス車。当時は近くを国鉄播但線(飾磨港線)が走り、昭和61(1986)年に同線が廃止されるまで国鉄の亀山駅があった。電鉄亀山から亀山への改称は平成3年。

昭和53年

◀電鉄飾磨
現在の飾磨駅は、櫛形ホームの内側が1線だが、当時は2線だった。姫路行と網干行が並ぶ。

平成20年

◀亀山駅
駅の出入口は一箇所。神戸方面のプラットホーム側に駅舎がある。

▶白浜の宮駅
駅舎は昭和47年改築の橋上駅舎。「灘のけんか祭り」時には多くの見物客で駅が賑わう。

平成20年

古地図探訪
白浜の宮・妻鹿・飾磨・亀山付近

地図の左は本徳寺のある亀山付近。宇治川電気(宇治電)の駅の向こうに鉄道省の飾磨港線の駅があった。宇治電は、電鉄飾磨駅(現・飾磨駅)から進路を東に変える。電鉄飾磨駅から分岐する網干線は昭和15(1940)年開業のため未開業。市川を渡って妻鹿駅へ。宇治川電気線と記された路線名が時代を感じさせる。宇治川電気が電鉄を直営したのは、昭和2(1927)年から6年間だった。妻鹿トンネルをくぐれば、白浜の宮駅だ。

このあたりは、終戦後の昭和21(1946)年に姫路市になったが、当時は飾磨町、妻鹿町(地図では村だが、昭和2年に町制施行)、白浜村と、独立した町村だった。

昭和7年

Tegara St. / Sanyo-Himeji St.
手柄、山陽姫路

市営モノレールが走った手柄駅界隈
姫路の戦災復興で誕生、百貨店と高架駅

【手柄駅】

開 業 年	昭和33(1958)年8月1日
所 在 地	姫路市東延末5-62
キ ロ 程	53.4km（西代起点）
駅 構 造	地上駅／2面2線
乗 降 客	2,035人

【山陽姫路駅】

開 業 年	大正12(1923)年8月19日
所 在 地	姫路市南町1
キ ロ 程	54.7km（西代起点）
駅 構 造	高架駅／4面4線
乗 降 客	22,673人

昭和29年
提供：山陽電鉄

▼手柄山近くを走る3000系特急
手柄山では、撮影の年、姫路大博覧会が開催され、モノレールの運行が開始された。会場は後に姫路市が整備し、手柄山中央公園として親しまれている。

▲電鉄姫路駅
高架化された電鉄姫路駅へ向かう100形。プラットホームの向うは直結する山陽百貨店。

昭和24年
提供：山陽電鉄

◀電鉄姫路駅
戦後に再建された駅舎。ターミナル駅にふさわしい堂々たる建物だった。

昭和41年
撮影：J.WALLY HIGGING

　手柄駅は現在地の約400m姫路寄りに開業し、昭和20(1945)年に廃止され、昭和33(1958)年に現在地で再開業した。駅西方に手柄山中央公園があり、昭和49(1974)年の営業休止まで、姫路駅〜手柄山駅間を姫路市営モノレールが結んだ。駅西側は、姫路市中央卸売市場で、昭和61(1986)年廃止の播但線(飾磨港線)から分かれて姫路市場駅があったが、昭和54(1979)年に廃止された。

　平成18(2006)年3月26日には、JR姫路駅の連続立体交差化でJRの下へ山陽電気鉄道を移設する工事を実施。手柄〜山陽姫路間の運休で特急や直通特急を含めて手柄駅で折り返し運転を行った。

　山陽姫路駅は、姫路駅前駅として仮駅で開業後、翌年の大正13(1924)年に駅舎を東約200mへ設置。戦時中に被災し、戦後に再び駅舎を設けた。姫路城を望む大手前通りは、戦災復興のため拡幅された道路で、拡幅工事にともない昭和29(1954)年に約100m西へ高架駅を建設。山陽百貨店を備えたターミナル駅が誕生した。

　平成18(2006)年3月27日、JR姫路駅の高架化により、JR高架線下に移設の本線が営業を開始。地上のJR線を高架線で越えていた時とは逆になり、山陽姫路駅を出発して地上へ降りる新線へ切り替わり、それにあわせて駅の発着番線の変更も行われた。平成25(2013)年にJR姫路駅ビル「ピオレ姫路」と山陽姫路駅ビル「キャスパ」が2階の連絡デッキで直結。眺望も人気だ。

山陽電鉄本線

山陽姫路駅 〔平成16年〕
改札口からプラットホームを見たところ。頭端式ホーム4面4線の構造。
撮影：岩堀春夫

阪神の車両が並ぶ 〔現在〕
阪神梅田駅との直通特急も発着し、阪神の車両を日常的に見ることができる。
撮影：高野浩一

手柄駅付近の700形 〔昭和41年〕
700形は、当初は800形と呼ばれ、戦後の混乱期に運輸省から割り当ての63系を使った電車。写真左端に写る線路は、国鉄播但線（飾磨港線）。
撮影：J.WALLY HIGGING

山陽姫路駅 〔平成18年〕
山陽姫路駅は山陽百貨店と直結している。平成元年に券売機などが百貨店の1階から2階へ移された。
撮影：岩堀春夫

古地図探訪

手柄・山陽姫路付近

昭和7（1932）年の姫路の地図。神戸姫路電気鉄道を合併した宇治川電気（宇治電）の時代で、当時の駅名は姫路駅前駅。現在地よりも東へ約100m先にあり、地図上部の姫路城へ向かって戦後に誕生する幅の広い大手通りや山陽百貨店はまだなく、鉄道省の姫路駅の駅前に宇治電の駅が大きく入り込んでいた。

姫路駅前駅を出ると、北西へ大きく進路を変えて山陽本線を跨ぎ、鉄道省の飾磨港線（播但線）が並行した。ちなみに、地図上にある飾磨港線の豆腐町駅は大正14（1925）年に廃止されているが、地図ではそのまま残っている。手柄駅は、現在地よりも約400m北にあった。

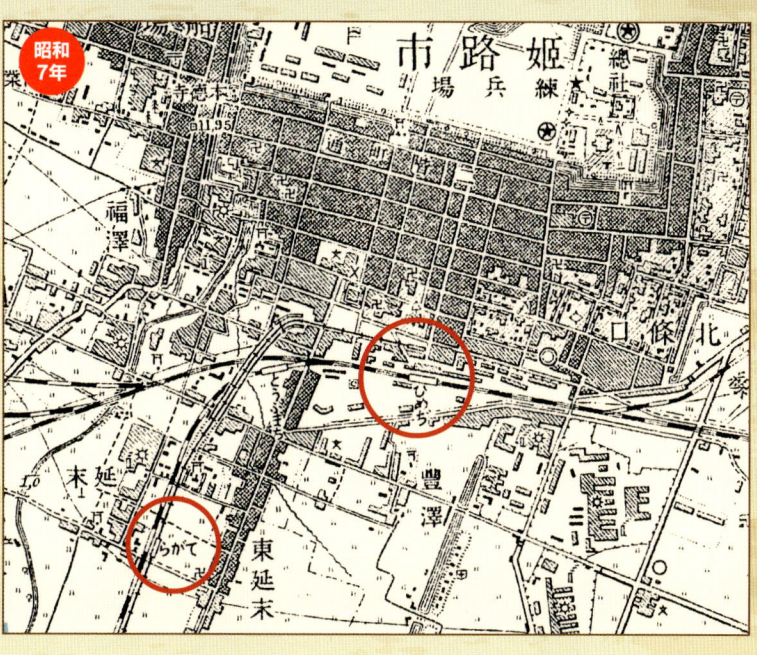

〔昭和7年〕

神戸市中央区／神戸市兵庫区／神戸市長田区／神戸市須磨区／神戸市垂水区／明石市／播磨町／加古川市／高砂市／姫路市

39

Nishi-sikama St. / Yumesakigawa St. / Hirohata St.
西飾磨・夢前川・広畑

昭和62年に高架化の西飾磨
夢前川と広畑は、製鐵所の最寄駅

【西飾磨駅】

開業年	昭和15（1940）年10月15日
所在地	姫路市飾磨区今在家4-98
キロ程	2.4km（飾磨起点）
駅構造	高架駅／2面2線
乗降客	1,785人

【夢前川駅】

開業年	昭和15（1940）年10月15日
所在地	姫路市広畑区東新町3-148
キロ程	3.6km（飾磨起点）
駅構造	地上駅／2面2線
乗降客	2,005人

【広畑駅】

開業年	昭和15（1940）年12月23日
所在地	姫路市広畑区高浜町1-120
キロ程	4.7km（飾磨起点）
駅構造	地上駅／2面2線
乗降客	1,610人

昭和15年

提供：山陽電鉄

▲開業時の広畑駅
洒落た駅舎だった旧駅舎。旧字体の廣畑駅になっている。

平成22年
撮影：岩堀春夫

◀西飾磨駅
昭和62年に駅を高架化。網干線でただひとつの高架駅。

▼夢前川駅
駅舎は、築堤上のプラットホームの下に立地する。現駅舎は昭和44年改築。写真は本駅舎の反対側にある建物で、改札口を撤去して南北自由通路の出入口になっている。南北自由通路は、ホーム下の改札内通路に柵を設置して、改札内と改札外を仕切っている。

平成19年
撮影：岩堀春夫

　昭和15（1940）年10月に電鉄飾磨駅（現・飾磨駅）～夢前川駅間の開業時に西飾磨駅を設置。網干線は全線単線で、当駅でも上下の列車の行き違いができる。昭和62（1987）年に網干線で唯一の高架駅に。山陽電気鉄道内でも数少ない高架駅のひとつである。

　夢前川駅は、新日鐵住金広畑製鐵所の東門の最寄駅。平成24（2012）年に新日本製鐵と住友金属工業が合併して現社名になった。駅近くには、製鉄記念広畑病院があり、新日鐵広畑病院を引き継いでいる。昔の駅南側には新日本製鐵の社宅やグラウンドなどがあったが、現在は跡地に大型スーパーやホームセンターなどが建つ。駅は夢前川の西岸で、ホームは築堤上に位置。北側の駅舎とホームを連絡する通路はホーム下にある。現在の駅舎は昭和44（1969）年12月に改築された。

　広畑駅は、新日鐵住金広畑製鐵所の正門の最寄駅。夢前川駅からの延伸時に暫定的な終点となり、日鉄前駅として昭和15（1940）年12月に仮設開業。翌年の電鉄天満駅（現・山陽天満駅）への延伸時に駅舎を建設して現在地へ移り、広畑駅と改称した。旧駅舎は出入口がアーチ型のモダンな建物だったが、昭和49（1974）年の駅舎改築で姿を消した。網干行ホーム側の下り線は1線スルーの線形。飾磨行ホームとは構内踏切で結ばれている。

40

山陽電鉄網干線

古地図探訪

西飾磨・夢前川・広畑付近

　山陽電気鉄道網干線は地図の上。現在は、西飾磨駅や付近は高架化されているが、当時は地上時代。地図右は、運輸省鉄道総局（後の昭和24年に国鉄発足）の播但線（飾磨港線）。同線の飾磨駅や、播但線の起点駅だった飾磨港駅がある。

　濱砂という地名のところで、飾磨港線から左に分岐するのが、日本製鐵広畑製鐵所の専用線。製鐵所内には多くの引込線があり、活況を呈した。同線は専用線なので旅客営業はなく、従業員の通勤は、山陽電気鉄道網干線の夢前川駅や広畑駅で、大勢の従業員が駅を利用した。夢前川駅の南を見ると、びっしりと社宅などが並び、往時を感じさせる。

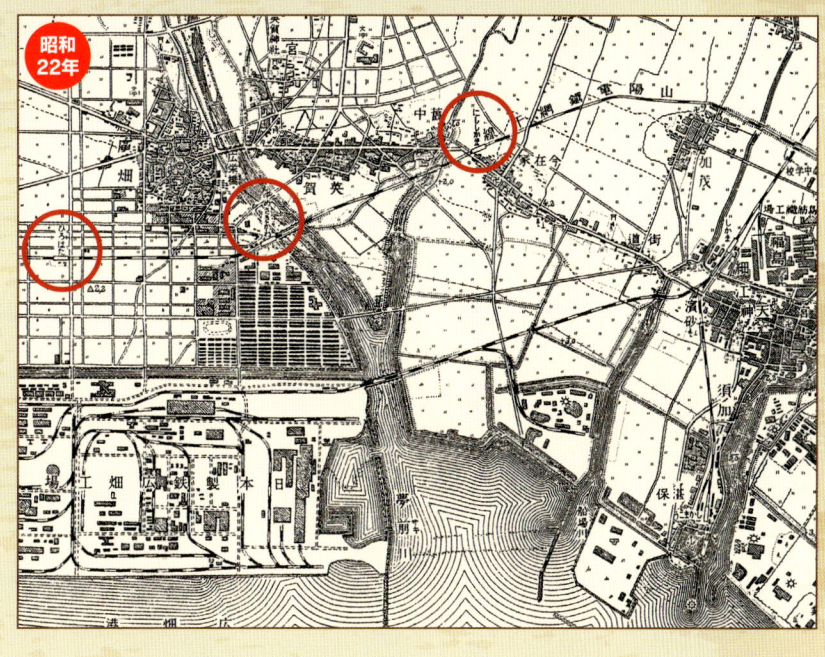

昭和22年

◀広畑駅の300形

300形は、旧型の200形の機器を使って、幅の広い3扉の車体を載せた形式。1960年代に導入され、高度経済成長期の通勤輸送を支えた。

昭和40年
撮影：荻原三郎

◀広畑駅舎

昭和40年の撮影だが、駅名板の広の文字が旧字体のまま使用されている。

昭和40年

▼広畑駅付近の270形

座り心地の良い座面で人気だった270形。2000系ゆずりのスマートな車体だった。

◀夢前川

3000系が夢前川〜西飾磨間の鉄橋を渡る夕刻の風景。

平成10年
撮影：安田就視

昭和40年
撮影：荻原三郎

神戸市中央区 / 神戸市兵庫区 / 神戸市長田区 / 神戸市須磨区 / 神戸市垂水区 / 明石市 / 播磨町 / 加古川市 / 高砂市 / 姫路市

41

Sanyo-Temma St. / Hiramatsu St. / Sanyo-Aboshi St.

山陽天満・平松・山陽網干

天神町の山陽天満、平井は昭和17年新設
網干の中心地に位置する山陽網干駅

【山陽天満駅】
開業年	昭和16(1941)年4月27日
所在地	姫路市大津区天神町1-45
キロ程	5.6km（飾磨起点）
駅構造	地上駅／2面2線
乗降客	2,037人

【平松駅】
開業年	昭和17(1942)年3月10日
所在地	姫路市大津区平松外開256
キロ程	7.3km（飾磨起点）
駅構造	地上駅／2面2線
乗降客	1,338人

【山陽網干駅】
開業年	昭和16(1941)年7月6日
所在地	姫路市網干区垣内中町12-5
キロ程	8.5km（飾磨起点）
駅構造	地上駅／1面2線
乗降客	4,103人

昭和16年

提供：山陽電鉄

▲開業時の電鉄網干駅
昭和16年に開業した際の様子を伝える写真。隣接地への駅移転、駅舎改築まで現役で使用された。

昭和51年

撮影：岩堀春夫

▲国鉄網干駅の北沢産業の入換機
北沢産業の貨物専用線が国鉄網干駅から分岐していた。

　山陽天満駅は、電鉄天満駅として昭和16(1941)年4月に開業し、同年7月の電鉄網干駅（現・山陽網干駅）延伸まで一時的に終着駅だった。天満はこのあたりの古い地名で、海女人が暮らしたことから天満を「あま」と昔は呼んだという。同駅の所在地は姫路市大津区天神町。この町名は天満＝天神が由来で、菅原道真ゆかりの地とする説もある。盛土の上にホームが設けられ、駅舎はその下に建ち、昭和47(1972)年に駅舎が改築された。

　電鉄網干駅（現・山陽網干駅）への延伸は、前記のとおり、昭和16(1941)年7月だが、この時にはまだ平松駅は設置されておらず、翌年の昭和17(1942)年3月に新設開業した。駅舎は昭和30年代前半に改築したもので、改修しつつ使用されている。

　山陽網干駅は、頭端式ホーム1面2線の終着駅。平成2(1990)年12月に駅を隣接地に移転し、駅舎を新築した。旧駅の敷地は駐車場になっている。当駅周辺は、公共施設や学校、警察署が集まる網干の中心地。JRの網干駅は、北方約3km先で離れている。網干線が開業する以前の昭和初期までは、駅前近くに播電鉄道が走っていた。同鉄道は、網干港駅～新宮町駅（現在のたつの市新宮町に所在）間を結ぶ軌道線だったが、姫津線（現・姫新線）の延伸が大きく影響して、昭和9(1934)年に廃止された。

山陽電鉄網干線

山陽天満駅 平成20年
撮影：岩堀春夫
プラットホームは盛土上。昭和47年改築の駅舎が盛土の下に建つ。

山陽網干駅 平成20年
撮影：岩堀春夫
旧駅の隣接地に、平成2年に建てられた現在の駅舎。

平松駅 平成20年
撮影：岩堀春夫
電鉄天満～電鉄網干間延伸の翌年の昭和17年に駅が開業。昭和30年代改築の駅舎を補修等しつつ使用する。

電鉄網干駅 昭和40年
撮影：荻原三郎
頭端式ホームの先にあった旧駅舎。網干の中心地に位置し、長年親しまれたが、新駅舎誕生にともない姿を消した。

電鉄網干駅のホーム 昭和40年
撮影：荻原三郎
今や懐かしい鳥居型の駅名標が立つ頭端式のホーム。

古地図探訪

山陽天満・平松・山陽網干付近

昭和22年

日鉄前駅（現・広畑駅）までは昭和15（1940）年に開業したが、その先、電鉄天満駅（現・山陽天満駅）までが昭和16（1941）年4月、電鉄網干駅（現・山陽網干駅）までが同年7月に開業し、平松駅は昭和17（1942）年3月に新設された。

地図中ほど左側で路線が途端に切れている終着駅が電鉄網干駅。戦前の宇治川電気時代に相生や赤穂を経由して岡山方面へ延伸する構想があった。戦後に網干～赤穂市上仮屋間の鉄道敷設免許が交付されたが、網干から西へ路線が延伸することはなかった。地図は、揖保郡網干町が昭和21（1946）年に姫路市と合併した後のもので、網干町が網干だけになっている。

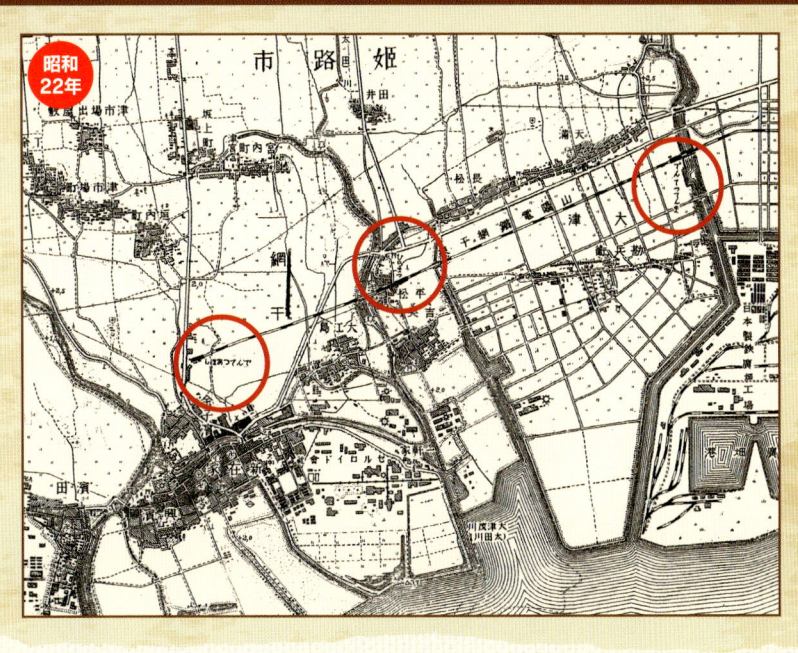

電鉄姫路(現・山陽姫路)駅の新しい高架駅が誕生した当時の空撮写真。左下側のバスターミナルの先に国鉄山陽本線の姫路駅がある。

姫路と手柄山を結んだ姫路市営モノレール。昭和41(1966)年に開業したが、休止を経て昭和54(1979)年に廃止された。

第2部
神戸電鉄・神戸市営地下鉄・北神急行電鉄

神戸電鉄は、神戸電鉄神戸高速線を介して新開地がターミナル駅で、湊川～有馬温泉間の有馬線、有馬口～三田間の三田線、横山～ウッディタウン中央間の公園都市線、鈴蘭台～粟生間の粟生線がある。神戸市郊外の住宅地や三田市、三木市のニュータウンなどを結び、湊川～鈴蘭台間では、神戸市内ではあるものの、急勾配が連続する山岳区間を擁する。北神と西神を結ぶ神戸市営地下鉄についても本章にて紹介する。

平成13年

撮影:岩堀春夫

三田駅に停車している公園都市線ウッディタウン中央行き1500系。

Minatogawa St. / Nagata St. / Maruyama St. / Hiyodorigoe St.
湊川・長田・丸山・鵯越

湊川～鵯越の各駅は開通時に設置
昭和15年、菊水山駅開業

△湊川駅 昭和43年
新開地駅開業までターミナル駅だった湊川駅。駅舎は半地下構造で、ホームはさらに低い位置にあった。屋根付近の円形は昔時計台だった。写真は神戸高速鉄道南北線開業時で、湊川～新開地間開通を祝う横断幕が写る。
撮影:荻原二郎

△長田駅を発車する800系 昭和39年
800系は、神戸電鉄の営業車最後の吊り掛け車で、旧型の機器を使い、高性能車風の18m車体を載せた電車。1960年代は2両編成がよく見られた。
撮影:J.WALLY HIGGING

△長田駅 昭和43年
湊川駅からひとつ目の長田駅。旧駅舎は小ぶりなものだった。
撮影:荻原二郎

　湊川駅は新開地駅からわずか0.4kmの距離。かつての駅は湊川公園下の半地下構造のターミナル駅で、櫛形ホームの乗りばが改札口から一段低い位置にあった。現在も時計台の跡を残しつつ旧駅舎が改装されて残り、地下商店街や現駅の地下駅へ通じる出入口として使用されている。地下商店街は駅跡や湊川公園下を走った路線を活用したもので、地下化前の当駅を感じさせる。

　現在の駅は、地下1階に改札、地下2階に島式ホーム1面2線の構造。神戸高速鉄道直通の前日にあたる昭和43(1968)年4月6日に移転した。

　長田駅は標高70mに位置し、標高0mの湊川駅からわずか1.9kmで70mを登る。駅名は長田だが、車内放送等では神鉄長田と案内される。神戸市内には他に長田が付く駅として、長田（神戸市営地下鉄）、新長田（JR西日本、神戸市営地下鉄）、高速長田（神戸高速鉄道）があるが、いずれの駅とも離れている。

　湊川駅から鈴蘭台駅にかけては、およそ50‰の急勾配が各所で続き、住宅地を走る鉄道としては珍しい。丸山駅の標高は95mで、長田駅の標高70mよりもさらに高くなる。駅は斜面を利用した相対式ホーム2面2線の駅構造。開業時は鷹取道駅だったが、昭和23(1948)年に丸山駅へ。電鉄丸山駅に改称後、再び丸山駅になった。駅の南には天然記念物指定の逆断層がある。

　鵯越駅はさらに標高が高く134mになる。駅は傾斜地に築かれ、周囲の住宅は山の斜面を活かした地形に建つ。下りホーム側に駅舎や改札口があり、平成17(2005)年に上りホーム側にも改札口が設置され、上下ホームを結んでいた跨線橋が閉鎖された。菊水山駅は平成17(2005)年3月から営業を休止している。周囲に民家が少ない山中の駅で、2時間に1本ほどの列車が停車する。

神戸電鉄有馬線

【湊川駅】

開業年	昭和3(1928)年11月28日
所在地	神戸市兵庫区荒田町1-20-3
キロ程	0.0km（湊川起点）
駅構造	地下駅／1面2線
乗降客	6,997人

【長田駅】

開業年	昭和3(1928)年11月28日
所在地	神戸市長田区長田天神2-10-1
キロ程	1.9km（湊川起点）
駅構造	地上駅／2面2線
乗降客	2,055人

【丸山駅】

開業年	昭和3(1928)年11月28日
所在地	神戸市長田区滝谷3-9-2
キロ程	2.6km（湊川起点）
駅構造	地上駅／2面2線
乗降客	663人

【鵯越駅】

開業年	昭和3(1928)年11月28日
所在地	神戸市兵庫区里山町651-3
キロ程	3.6km（湊川起点）
駅構造	地上駅／2面2線
乗降客	614人

昭和34年

撮影：J.WALLY HIGGING

●電鉄丸山～長田間を走るデ7
電鉄丸山駅から長田駅へ向けて勾配を下りるデ1形のデ7。昭和4年竣工の電動客車。行先板の"神戸行"とは、神戸側のターミナル駅へ向かう意味で、当時の始発、終着駅の湊川駅のこと。

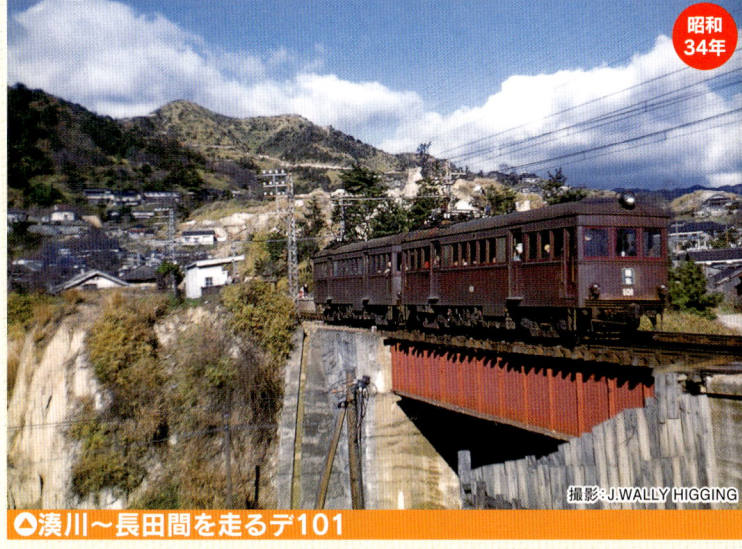

昭和34年

撮影：J.WALLY HIGGING

●湊川～長田間を走るデ101
湊川駅と長田駅の標高差は70m。昭和4年竣工のデ101形が走る。写真手前のデ101は、客用扉の撤去などを行い鈴蘭台車両基地の入換用で残る。

昭和43年

撮影：荻原二郎

●鵯越駅
傾斜地に設置された駅で、標高は134m。丸山駅とは39mの高低差がある。

🚶 古地図探訪

長田付近

湊川駅を出ると右に左へとカーブを描きながら勾配を上る。湊川駅～鈴蘭台駅間は、50‰の急勾配が連続する区間だ。長田駅までは、すでに沿線に住宅が多く建ち、現在の地図と比べてみても、ほぼ同じような感じで、神戸市中心部に近い住宅地として早くから開発された地域だとわかる。電鉄丸山駅（現・丸山駅）付近は、当時はまだ住宅が少ないが、現在では、その先の鵯越駅付近まで宅地化されている。

しかし、その先の鈴蘭台駅までは六甲山地が迫り、現在でもまとまった住宅地がなく、神戸市市街地と距離的には近いが、民家が見当たらない山奥の山岳路線へと変貌する。

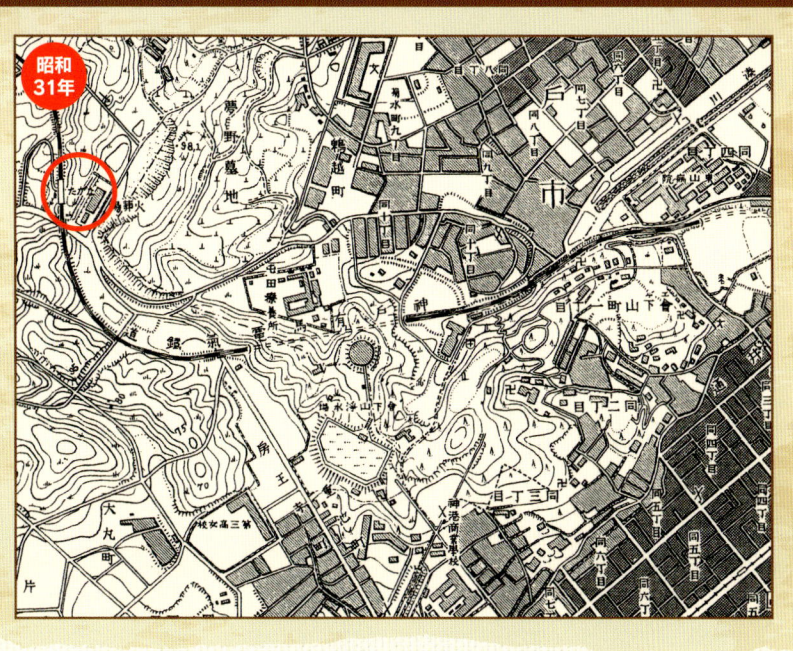

昭和31年

Suzurandai St. / kita suzurandai St.
鈴蘭台・北鈴蘭台

昭和7年、小部から鈴蘭台へ改称
街の発展で北鈴蘭台駅も登場

【鈴蘭台駅】

開業年	昭和3(1928)年11月28日
所在地	神戸市北区鈴蘭台北町1-7-17
キロ程	7.5km（湊川起点）
駅構造	地上駅／2面4線
乗降客	10,433人

【北鈴蘭台駅】

開業年	昭和45(1970)年4月6日
所在地	神戸市北区甲栄台4-1-13
キロ程	9.4km（湊川起点）
駅構造	地下駅／2面2線
乗降客	6,712人

昭和36年
撮影：荻原二郎

▲鈴蘭台駅
モダンボーイやモダンガールなどの避暑地として賑わった当時を感じさせる旧駅舎の様子。

▶鈴蘭台駅に停車するデニ13
昭和3年、湊川〜電鉄有馬（現・有馬温泉）間開業にともない新造されたデニ11形のデニ11〜14。旅客手荷物合造電動客車で、写真はデニ13。

昭和36年
撮影：荻原二郎

平成15年
撮影：岩堀春夫

▲鈴蘭台駅
再開発にともなう新しい駅ビルの工事のため、写真の駅ビルはすでに解体された。

現在
撮影：高野浩一

▲北鈴蘭台駅
鈴蘭台のベッドタウンの拡大にともない昭和45年に新設された。

　鈴蘭台駅は、昭和3（1928）年11月に小部駅として開業。神戸有馬電気鉄道の湊川〜電鉄有馬（現・有馬温泉）間の開業と同時に開設された。鈴蘭台駅へ改称したのは昭和7（1932）年8月のこと。昭和11（1936）年12月には、鈴蘭台〜広野ゴルフ場前間に三木電気鉄道（現・粟生線）が開業して分岐駅となる。鈴蘭台は戦前に避暑地として知られた後、昭和30年代からニュータウンの開発が行われ、ベッドタウンとして発展した。
　駅は、南北で地形の高さが異なり、南側が高い盛土状になっている。そのため、プラットホームは2階に位置する。島式ホーム2面4線の駅構造で、有馬線と粟生線の双方の列車が方向別に各ホームへ発着し、粟生線の列車はほとんど新開地駅と直通している。駅の南側には鈴蘭台車両基地があり、当駅で乗務員の交代が行われる。現在、駅前再開発にともない新駅舎の建設が進められ、2016（平成28）年に完成予定である。
　北鈴蘭台は、昭和45（1970）年に鈴蘭台〜山の街間に開業。駅舎やプラットホームは掘割で、相対式ホーム2面2線。乗車人員が神戸電鉄の中では多いほうで、隣の鈴蘭台駅とともに各種別が停車する。

48

神戸電鉄有馬線

古地図探訪
鈴蘭台・北鈴蘭台付近

神戸有馬電気鉄道時代の地図。神戸市市街地と鈴蘭台の間には、急勾配が連続するカーブ区間が多い。後に鈴蘭台駅から分岐する三木電気鉄道（現・粟生線）は昭和11（1936）年12月の開業で地図には載っていない。鈴蘭台の上の小部は、古くからの地名で、鈴蘭台駅の開業時の駅名は小部駅だった。当時の鈴蘭台は、武庫郡山田村に開発された避暑地で、関西の軽井沢として売り出し中の時代。昭和10年代中頃には遊興施設も増え、避暑を兼ねた歓楽街へ成長した。

高度経済成長期にニュータウン開発が進み、ベッドタウン化で人口が急増。北側に住宅地が広がり、北鈴蘭台駅が開業した。

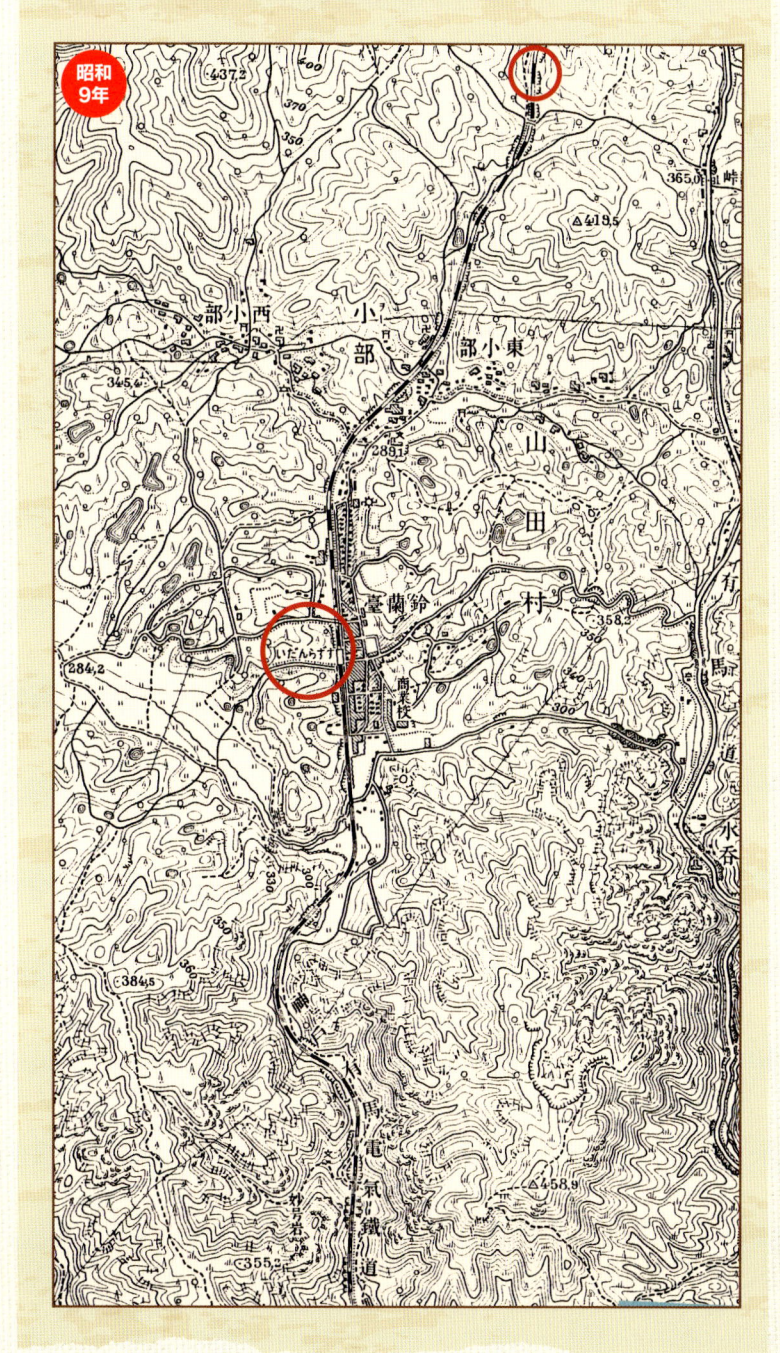

鈴蘭台駅を発車するクハ131（昭和36年）
神中鉄道（現・相模鉄道）から譲渡のディーゼルカーをクハ131形にした車両。前面2枚窓の半流線形、12m半鋼製車。
撮影：荻原二郎

鈴蘭台駅とデ5（昭和36年）
神戸有馬電気鉄道開業時に用意されたデ1形のデ5。当時はホーム近くに樹々があった。
撮影：藤山侃司

菊水山駅（平成17年）
今風に言えば秘境駅だろうか。ハイカーの利用があったものの、日頃の乗降客はかなり少なく、平成17年3月から休止中。
撮影：岩堀春夫

昭和9年の地図（鈴蘭台・北鈴蘭台付近）

49

Yamanomachi St. / Minotani St. / Tanigami St.
山の街・箕谷・谷上

鈴蘭台～箕谷間の信号所が山の街駅へ
昭和63年谷上駅高架化、北神急行開業

【山の街駅】
開業年	昭和10(1935)年3月8日
所在地	神戸市北区緑町1-1-1
キロ程	10.3km（湊川起点）
駅構造	地上駅／2面2線
乗降客	2,611人

【箕谷駅】
開業年	昭和3(1928)年11月28日
所在地	神戸市北区山田町下谷上字箕谷27-2
キロ程	12.0km（湊川起点）
駅構造	地上駅／2面2線
乗降客	1,724人

【谷上駅】
開業年	昭和3(1928)年11月28日
所在地	神戸市北区谷上東町1-1
キロ程	13.7km（湊川起点）
駅構造	高架駅／3面5線
乗降客	13,734人

平成19年
撮影：岩堀春夫

▶山の街駅
湊川～電鉄有馬（現・有馬温泉）間開業時に開設された峠信号所がはじまり。昭和10年に駅へ昇格し、現駅名が付けられた。

▶箕谷駅
山の中腹にある箕谷駅。神戸市中心部へのバスが駅の下から発着している。

現在
撮影：高野浩一

◀箕谷駅
ホーム面よりも一段低いことがわかる。

平成19年
撮影：岩堀春夫

　山の街駅は、峠信号所として開業した。その後、昭和10(1935)年3月に山の街駅となった。駅は、隣の北鈴蘭台駅とともに標高が300mを越えている。かつては保線用の側線を備えていた。山の街駅から下ると箕谷駅。山の中腹に位置する相対式ホーム2面2線の小さな駅で、駅前から坂を下ると、新神戸トンネルを経由して三宮バスターミナルへ向かう神戸市バスの乗り場がある。

　谷上駅は、神戸市営地下鉄西神・山手線と相互直通運転を行う北神急行電鉄北神線との乗換駅。昭和63(1988)年4月の北神急行電鉄開業に備えて、同年3月に駅を北神側に移設し、高架化された。かつては、島式ホーム3面6線で、神戸電鉄と北神急行電鉄が共用するホームが無く、地下1階の中間改札を通って乗り換える必要があったが、現在は、島式ホーム3面5線に改修され、北側の3線を神戸電鉄有馬線、南側の2線を北神急行電鉄北神線が使用し、中央のホームは両線が接することで、乗換えがスムーズに行える幅の広い共用のホームになっている。

　神戸電鉄のみの乗車人員としては多くはないが、北神急行電鉄の乗車人員を含むと、神戸電鉄の駅の中では最も乗車人員が多い。

神戸電鉄有馬線

▶山の街付近のクハ151
クハ151は、元は神中鉄道（現・相模鉄道）のディーゼルカー。3枚窓の流線形が特徴的だった。

昭和26年
撮影：亀井一男

平成17年

▲谷上駅
北神急行電鉄の開業で高架化のうえ移転した。移転前の地上駅は島式ホーム2面4線の構造だった。

平成21年
撮影：岩堀春夫

◀谷上駅
北神急行電鉄と接続し、島式ホーム3面5線を持つ主要駅で構内も広い。

昭和38年

▶谷上付近
谷上は北神急行電鉄開業で大発展するが、当時はのどかな沿線風景であった。

撮影：佐野正武

古地図探訪
山の街・箕谷・谷上付近

大都市近郊の路線とは思えないような山間の線形が特徴。峠信号所は、現在の山の街駅。標高が少し下がって箕谷駅があり、駅の西側の道は、現在の国道428号。駅の南側や東西ともに山地だが、現在は阪神高速7号北神戸線が駅の南東から南西に向けて横断し、さらに駅の北東から北西にかけては、神戸市市街地と直通する新神戸トンネルが貫通している。

谷上駅は、かつての武庫郡山田村の西に位置し、駅所在地の現在の住所は神戸市北区山田町で、旧山田村の区域である。現在では、駅南西の六甲山地を、北神急行電鉄の北神トンネルが貫き、新神戸駅を介して神戸市営地下鉄と相互直通運転を行う。

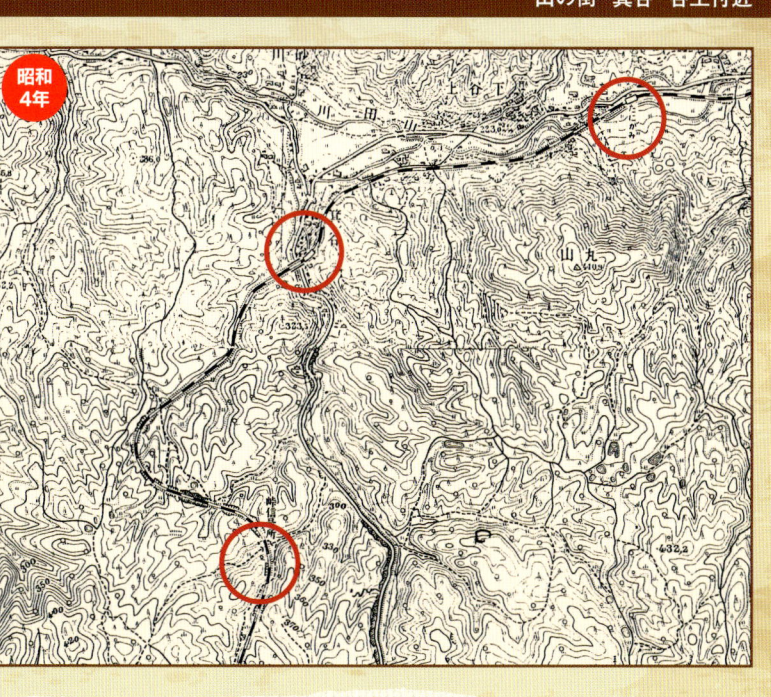

昭和4年

神戸市兵庫区 / 神戸市長田区 / 神戸市北区 / 三田市 / 神戸市西区 / 三木市 / 小野市 / 神戸市中央区 / 神戸市須磨区

Hanayama St. / Ōike St. / Shintetsu Rokkō St. / Karatodai St.

花山・大池・神鉄六甲・唐櫃台

戦前に開発の大池、駅名変遷の神鉄六甲 花山、唐櫃台駅は昭和40年代に新設

平成3年

撮影：岩堀春夫

🔺花山駅付近
沿線の開発でマンションなどが建ち並ぶ。

昭和46年

撮影：佐野正武

🔺神鉄六甲登山口駅
開業時から六甲とは付くが、六甲北口、六甲登山口と名を変え、現在の神鉄六甲駅に落ち着いた。

平成20年

撮影：岩堀春夫

🔺大池駅
昭和4(1929)年5月以前に開業された駅。近隣の駅周辺よりも古くからの住宅地が広がる。

平成20年

撮影：岩堀春夫

🔺唐櫃台駅
新興住宅地の開発で駅が開業。有馬口駅の開業時の駅名が唐櫃駅で、歴史のある地名に台を付けた駅名になった。

　花山台の住宅地の開発にともない昭和40(1965)年12月に新設された花山駅。駅は谷の斜面上に建設され、相対式ホーム2面2線の駅構造。谷の向うの高台に花山東団地があり、エレベーターが斜めに昇降するスカイレーターが駅から橋を渡った先にある。
　大池駅周辺には、大池や六甲ヶ丘の閑静な住宅地が広がり、観喜天を祀る大池聖天がある。駅の標高は350mで、神戸電鉄内では有馬温泉駅の標高357mに次いで高い。駅の北東には分水嶺があり、川の流れが播磨灘と大阪湾に分かれる。

　神鉄六甲駅は、三角屋根の山小屋風の駅舎が特徴。平成8(1996)年に「六甲ひばりが丘」住宅地ができたことで改築された。六甲北口駅として開業後、六甲登山口駅を経て、昭和63(1988)年に現駅名へ改称した。ただし、有馬街道沿いのバス停名は六甲登山口のままだ。
　唐櫃台駅は、昭和41(1966)年に新設された駅。神戸市により駅東側に住宅地が開発され、利便性のため駅が開業した。唐櫃の地名は古く、神功皇后が三韓から持ち帰った武具などを唐櫃に入れて埋めたことに由来する。ちなみに隣の有馬口駅の開業時の駅名は唐櫃駅だった。

【花山駅】
開 業 年	昭和40(1965)年12月1日
所 在 地	神戸市北区花山台1-1
キ ロ 程	15.4km（湊川起点）
駅 構 造	地上駅／2面2線
乗 降 客	2,005人

【大池駅】
開 業 年	昭和3(1928)年11月28日
所 在 地	神戸市北区西大池1-2-5
キ ロ 程	17.1km（湊川起点）
駅 構 造	地上駅／2面2線
乗 降 客	1,929人

【神鉄六甲駅】
開 業 年	昭和3(1928)年11月28日
所 在 地	神戸市北区有野町唐櫃字種池3039-2
キ ロ 程	18.1km（湊川起点）
駅 構 造	地上駅／2面2線
乗 降 客	441人

【唐櫃台駅】
開 業 年	昭和41(1966)年7月1日
所 在 地	神戸市北区唐櫃台2-1-1
キ ロ 程	18.9km（湊川起点）
駅 構 造	地上駅／2面2線
乗 降 客	1,759人

平成3年

撮影：岩堀春夫

▲花山駅
高度経済成長期の人口増加の時代に開業。新興住宅地の開発で昭和40年12月に設置された。

▶大池〜花山間を走る普通新開地行き
デ1356を先頭に大池〜花山間を走る普通新開地行。1300系デ1350形は、新製時から冷房車。集約分散式クーラーが特徴のひとつ。

昭和62年
撮影：岩堀春夫

◀花山〜大池間を行くED2001形牽引の工事列車
ED2001形は、昭和24年三菱重工業三原製作所製。貨物輸送や延伸線の資材運搬を経て、保線や新車搬入に活躍。線路のバラスト散布でホッパ車を牽引する姿を時々目にすることができた。平成2年に改番され700形に。現在は引退している。

昭和62年
撮影：岩堀春夫

古地図探訪
花山・大池・神鉄六甲・唐櫃台付近

　神戸有馬電気鉄道の時代で、昭和40年代初めに開業した花山駅や唐櫃台駅は未開業。大池駅は標高300mにあり、当初は別荘地の駅として開設された。昭和初期から神戸有馬電気鉄道系列によって住宅開発が始まったが、当時はまだ住宅が少なく、駅の利用者も少なかった。
　六甲登山口駅（現・神鉄六甲駅）は、昭和4(1929)年に六甲北口駅から改称した駅名で、昭和63(1988)年に神鉄六甲駅になるまで使用された。現在は登山口の駅というより住宅地の駅で、駅東側には六甲有料道路がある。地図右の唐櫃は、山や田畑が広がるが、現在ではすっかり住宅地化している。

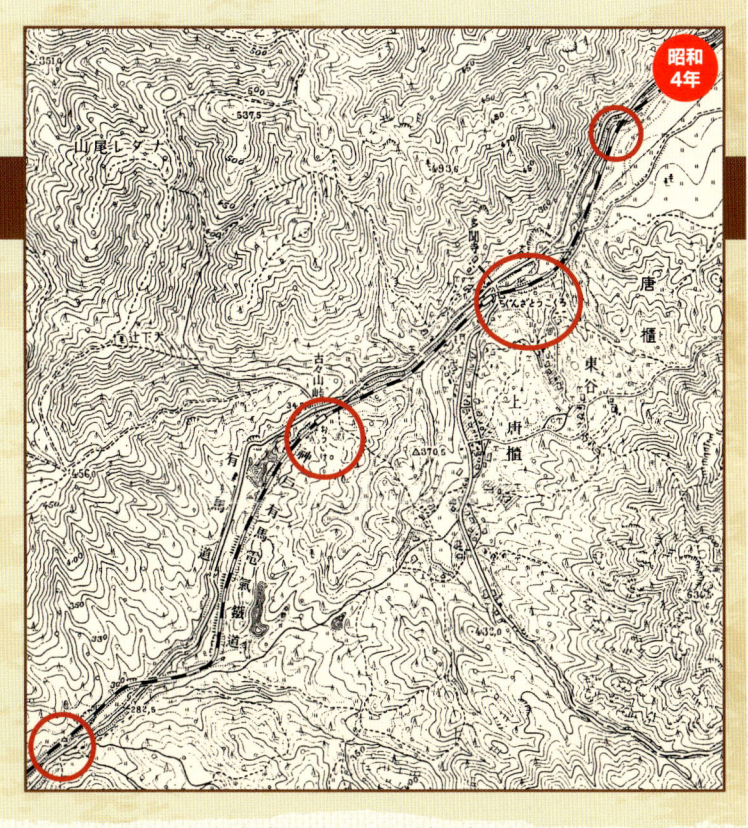

昭和4年

神戸市兵庫区
神戸市長田区
神戸市北区
三田市
神戸市西区
三木市
小野市
神戸市中央区
神戸市須磨区

53

Arima guchi St. / Arima Onsen St.

有馬口・有馬温泉

唐櫃駅として開業、翌月三田線が分岐
洒落た洋風駅舎だった有馬温泉駅

【有馬口駅】

開 業 年	昭和3(1928)年11月18日
所 在 地	神戸市北区有野町唐櫃字フチネ垣127-2
キ ロ 程	20.0km（湊川起点）
駅 構 造	地上駅／2面4線
乗 降 客	1,068人

【有馬温泉駅】

開 業 年	昭和3(1928)年11月28日
所 在 地	神戸市北区有野町字ウツギ谷266-2
キ ロ 程	22.5km（湊川起点）
駅 構 造	地上駅／2面2線
乗 降 客	1,493人

◎有馬温泉駅
頭端式ホーム2面2線の駅。ホームの奥に、アールヌーボーの影響を受けた開業時からの駅舎があった。

昭和36年
撮影：荻原三郎

◎有馬口駅
有馬温泉のりかえの案内が目を引く昭和30年代の駅の様子。唐櫃駅から有馬温泉口駅への改称を経て、昭和29(1954)年に有馬口駅となる。

昭和60年
撮影：岩堀春夫

◎新有馬駅付近
写真右側に見える遺構は昭和50年に休止された新有馬駅のホームである。

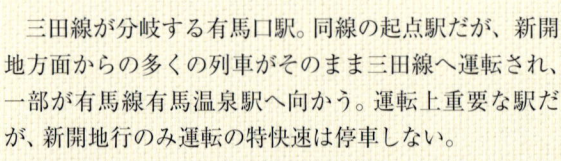

昭和54年
撮影：岩堀春夫

　三田線が分岐する有馬口駅。同線の起点駅だが、新開地方面からの多くの列車がそのまま三田線へ運転され、一部が有馬線有馬温泉駅へ向かう。運転上重要な駅だが、新開地行のみ運転の特快速は停車しない。

　駅は島式ホーム2面4線の地平駅で、駅舎は三田寄りの下り線側にあり、上り線側三田寄りの無人改札口とは構内踏切で結ばれる。有馬線は当駅から単線で、有馬温泉駅との間を折り返す列車が多い。唐櫃駅として開業後、昭和26(1951)年に有馬温泉口駅に改称。昭和29(1954)年に現在の有馬口駅になった。

　有馬温泉駅は、日本三古湯の有馬温泉の最寄駅で、頭端式ホームを備えた有馬線の終着駅。開業時の駅名は電鉄有馬駅だったが、すぐに現在の有馬温泉駅に改称した。神戸電鉄線内で最も標高が高く、標高357mに位置する。さらに同電鉄最東端の駅でもある。

　開業時の駅舎はアールヌーボー調の洋風建築で、阪神間モダニズムの影響を受けた名物駅舎だったが、平成元(1989)年10月に「有馬クリスタルビル」として新駅舎に生まれ変わった。この駅舎は、第1回近畿の駅百選に選ばれている。

神戸電鉄有馬線

現在 ▲有馬温泉駅
第1回近畿の駅百選に選定の現駅舎。

昭和20年代 ▲有馬温泉
有馬温泉は、日本三古湯のひとつ。京阪神から近く、大勢の温泉客で賑わう。 
所蔵：生田 誠

昭和46年 ▲有馬温泉駅を遠望
写真中央に写るのは有馬温泉駅のビル。アールヌーボー調で昭和初期に竣工。当時は改修されつつ使用されていた。 
撮影：佐野正武

昭和54年 ◀湯治や憩いの場へ
有馬温泉は、春は桜、夏は新緑、秋は紅葉、冬は雪と四季折々の詩情にあふれる山峡のいで湯の町で知られる。そのアクセスの一つが神戸電鉄有馬線である。
撮影：岩堀春夫

🚶 古地図探訪

有馬口・有馬温泉付近

昭和4年

地図左の分岐駅が唐櫃駅で現在の有馬口駅だ。左に分かれる路線が三田方面、右が有馬温泉方面だ。当駅〜有馬温泉駅間の新有馬駅は、昭和50(1975)年に休止後、平成25(2013)年に廃止された。カタ越峠のトンネル手前に幅の狭い単式ホーム1面で、昭和40年代初めには、すでに乗降客がほとんどない状態だった。休止後は実質廃止の状態で、老朽化したプラットホームは廃止にともない撤去された。

トンネルを抜けた先に有馬温泉駅や温泉の記号♨がある。北東の路線は、昭和18(1943)年休止の鉄道省有馬線。有馬駅は、有馬温泉まで初めて開業した鉄道の終着駅だった。

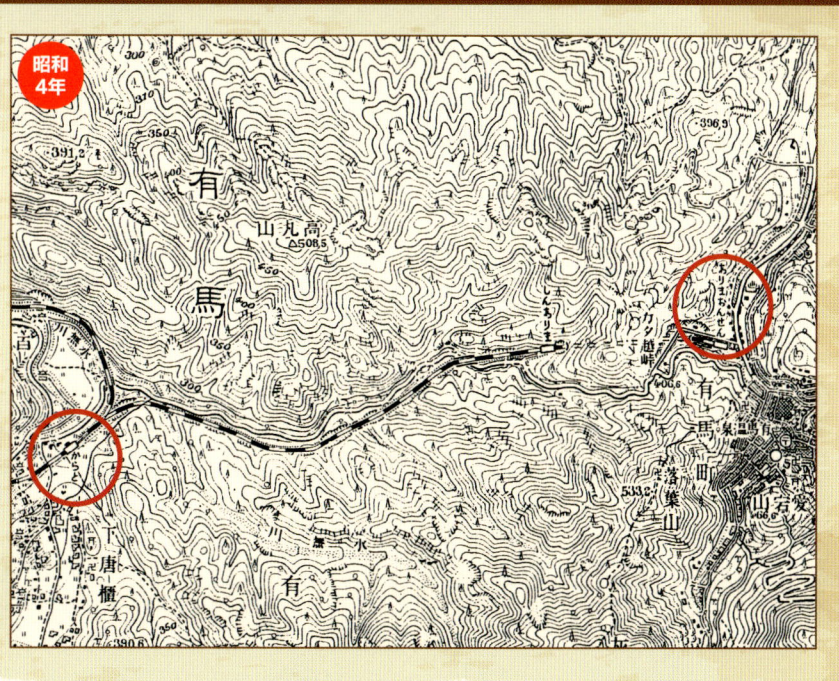

神戸市兵庫区 / 神戸市長田区 / 神戸市北区 / 三田市 / 神戸市西区 / 三木市 / 小野市 / 神戸市中央区 / 神戸市須磨区

55

Gosya St. / Okaba St. / Taoji St. / Nirō St.
五社・岡場・田尾寺・

三田線開通とともに各駅が開業
昭和60年、岡場駅を高架化

【五社駅】

開業年	昭和3(1928)年12月18日
所在地	神戸市北区有野町有野字バンヤ822-2
キロ程	1.4km（有馬口起点）
駅構造	地上駅／1面1線
乗降客	1,000人

【岡場駅】

開業年	昭和3(1928)年12月18日
所在地	神戸市北区藤原台中町1-1-1
キロ程	3.3km（有馬口起点）
駅構造	高架駅／2面4線
乗降客	5,449人

昭和53年

田尾寺駅
木造の簡素な旧駅舎と単式ホーム時代の駅。写真左端の便所も古い建物。

平成19年

岡場駅
ニュータウンの開発で発展した岡場駅。昭和60年に高架化移転するまでは、島式ホーム1面2線の交換可能な小さな駅だった。

現在

田尾寺駅
平成10年に岡場〜田尾寺間が複線化され、それにともない橋上駅舎になった。

五社駅
昭和3年12月の三田線開通にともない開業。単式ホーム1面1線の小さな駅。

平成19年

　五社駅の駅名は、駅から300mほどの五社八幡神社の五社に由来する。駅は単式ホーム1面1線で新開地寄りに駅舎がある。駅前には阪神高速7号北神戸線の高架橋がそびえ、ループ状の五社出入口を臨む。駅の北東には有野台団地が広がり、バス停やロータリーがある。
　岡場駅は、ニュータウンの藤原台の中心駅。副駅名は藤原台で、ニュータウン開発にあわせて昭和60(1985)年11月に駅を高架化して移転した。島式ホーム2面4線が可能な高架駅として建設されたが、当初は島式ホーム1面2線のみで、後に3番線の供用を開始、当駅〜田尾寺駅間の複線化にともない平成10(1998)年3月に島式ホーム2面4線の駅構造になった。
　田尾寺駅の橋上駅舎化は岡場駅〜田尾寺駅間の複線化時で、三田方面には安全側線があり、将来の複線化用地になっている。中国自動車道西宮北ICが駅の東方約600mに位置する。
　二郎駅は単式ホーム1面1線の小さな駅。駅周辺ではイチゴ栽培が盛んで、のどかな雰囲気だ。二郎の駅名はもとは「にろ」と読んだが、昭和54(1979)年4月に現在の「にろう」になった。

神戸電鉄三田線

二郎
にろう

【田尾寺駅】
開業年	昭和3(1928)年12月18日
所在地	神戸市北区藤原台北町7-1-2
キロ程	4.9km（有馬口起点）
駅構造	地上駅／1面2線
乗降客	3,129人

【二郎駅】
開業年	昭和3(1928)年12月18日
所在地	神戸市北区有野町二郎字細116-2
キロ程	6.4km（有馬口起点）
駅構造	地上駅／1面1線
乗降客	164人

二郎駅（昭和36年）
撮影：荻原二郎

小屋のような建物だった旧駅舎。裸電球と傘が懐かしい雰囲気。

二郎駅（昭和53年）
撮影：岩堀春夫

「にろ」と呼んだころの駅名標。昭和54年に「にろう」の読みに変更された。

3000系の準急新開地行（平成7年）
撮影：岩堀春夫

二郎〜田尾寺間を走る準急新開地行。3000系は、昭和48年に製造を開始した形式で、製造当初からの冷房車。アルミ合金製車体で、塗装からウルトラマン電車と呼ばれる。

古地図探訪　五社・岡場・田尾寺・二郎付近

五社〜二郎間の各駅は、三田線開業当時からの駅で、当時の地図に各駅が載っている。五社駅の周辺は等高線が見られるが、現在は有野台などの住宅地になり、五社駅の南に阪神高速7号北神戸線や五社出入口のループ線がある。岡場駅や田尾寺駅にかけても山林に挟まれた沿線であるが、このあたりも現在では開発されて住宅地が広がっている。

岡場〜田尾寺間の右から現れる路線は鉄道省の有馬線。田尾寺駅西方に同線の有馬口駅があった。二郎駅の周辺は今も大規模な住宅開発はなく牧歌的だが、駅西方に中国自動車道と山陽自動車道の神戸ジャンクションがある。右側の路線は鉄道有馬線。

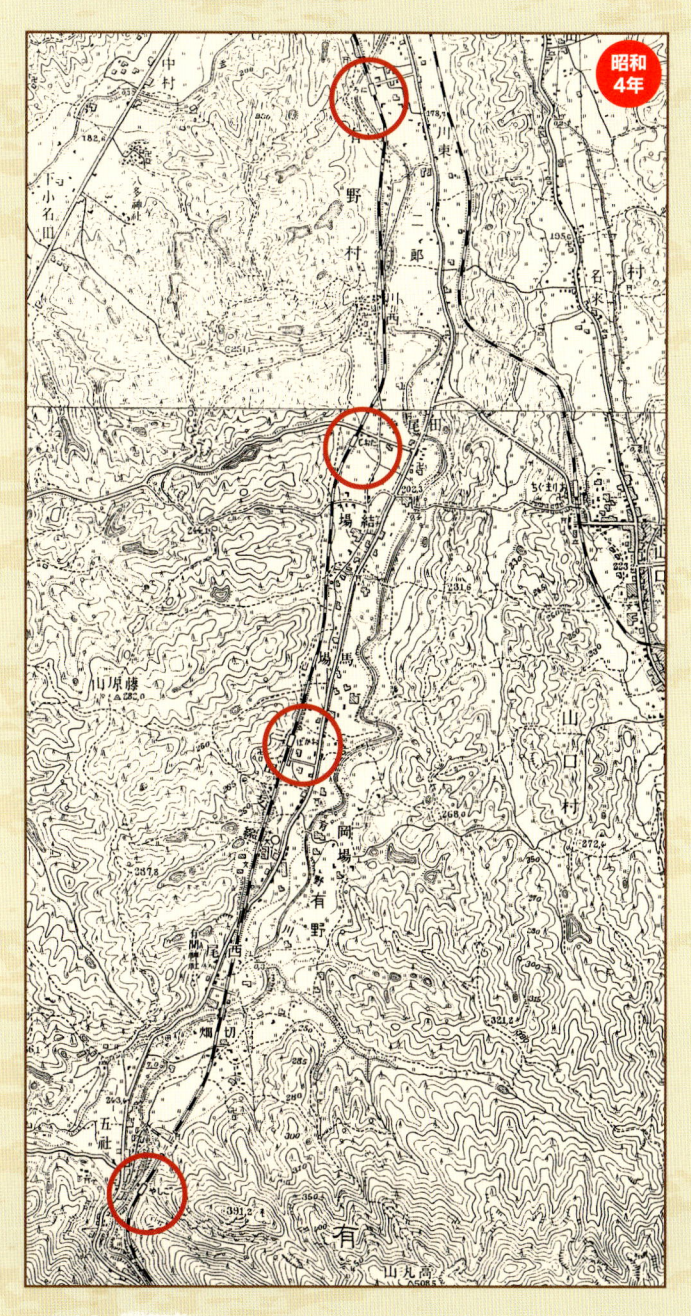

昭和4年

道場南口・神鉄道場・

Dōjō Minamiguchi St. / Shintetsu Dōjō St./

神有創始者の山脇延吉出身地の道場
公園都市線の建設で横山駅を移設

【道場南口駅】

開業年	昭和3(1928)年12月18日
所在地	神戸市北区道場町日下部1806
キロ程	7.3km（有馬口起点）
駅構造	地上駅／1面2線
乗降客	1,337人

【神鉄道場駅】

開業年	昭和3(1928)年12月18日
所在地	神戸市北区道場町日下部字尼ケ谷742-1
キロ程	8.5km（有馬口起点）
駅構造	地上駅／1面1線
乗降客	1,362人

【横山駅】

開業年	昭和3(1928)年12月18日
所在地	三田市南が丘2-9-13
キロ程	10.0km（有馬口起点）
駅構造	地上駅／1面2線
乗降客	2,123人

昭和63年
撮影：岩堀春夫

◎道場南口駅

小ぶり正面ながらも風格のあった旧駅舎。当時は駅舎前に駐輪する自転車が多かった。

▶道場南口～二郎間の特急新開地行

昭和35年製のデ300形デ302を先頭に道場南口～二郎間を走る特急新開地行。デ300形は、神鉄初の高性能車として活躍。18m級車体でスマートな湘南窓だった。特急は昭和63年に登場したが、平成10年に廃止された。道場南口や横山は停車駅だった。

平成5年
撮影：岩堀春夫

　道場は古くは丹波街道、江戸時代は大坂街道の宿場町として栄えたところ。国道176号に沿って旧街道が残り、古い町並みが見られる。道場南口駅は、島式ホーム1面2線で、列車の行き違いができる駅。また、2番線は上下の本線として使用可能な一線スルーで、新開地寄りには留置線がある。南欧風の駅舎は、駅前広場のロータリーとともに2007(平成19)年3月に完成した。

　神鉄道場駅は、宿場町の道場川原宿にちなんだ道場川原駅として親しまれ、平成3(1991)年に現駅名へ改称した。同年に橋上駅化され、出入口は駅西側の高台の縁に接する。単式ホーム1面1線だが、複線化に備えて島式ホーム1面2線分を確保する。駅のすぐ東側に鉄道省の有馬線跡があり、記念碑もある。道場は有馬線の前身の有馬鉄道や神戸有馬電気鉄道(略称・神有、現・神戸電鉄)を創始した山脇延吉の出身地で、駅近くに顕彰碑が立つ。

　横山駅は平成3(1991)年開業の公園都市線が分岐。公園都市線の列車はすべて三田駅発着で、当駅での折返しはない。島式ホーム1面2線で当駅～三田間は複線区間。橋上駅舎だが、地形の関係から出入口が駅前広場に接する。公園都市線開業記念のモニュメントがある。

Yokoyama St.
横山
よこやま

▶横山駅 〔平成3年〕
平成3年の公園都市線開業で大きく変貌した駅。公園都市線の分岐駅だが、当駅始発、終着の運転はない。
撮影：岩堀春夫

◀横山駅 〔平成3年〕
駅前整備中の様子。
撮影：岩堀春夫

▶神鉄道場駅 〔平成19年〕
平成3年に道場川原から神鉄道場へ改称。橋上駅舎化も同年に行われた。鉄道省の有馬線跡は当駅の東側。
撮影：岩堀春夫

⬤道場南口駅 〔昭和62年〕
ホッパ車へのバラスト積み込み風景。
撮影：岩堀春夫

🚶 古地図探訪
道場南口・神鉄道場・横山付近 〔昭和4年〕

　三田支線とあるのが三田線。道場南口駅から道場川原駅（現・神鉄道場駅）へ向かうに連れて鉄道省有馬線が近づいてくる。同省有馬線には新道場駅があった。道場川原駅付近で両線は接近し、三田線は横山駅方面に向かって左へ曲がり、有馬線は塩田駅方面へ向けて右に曲がった。一見すると全く違った方向に行きそうだが、共に鉄道省福知山線の三田駅に隣接する終着駅で顔を合わせた。
　横山駅の西の中学校は、私立の旧制三田中学校で現在の三田学園。平成3(1991)年開業の公園都市線は、若干移設の同駅から北西に向けて三田学園の校地の横をカーブしている。

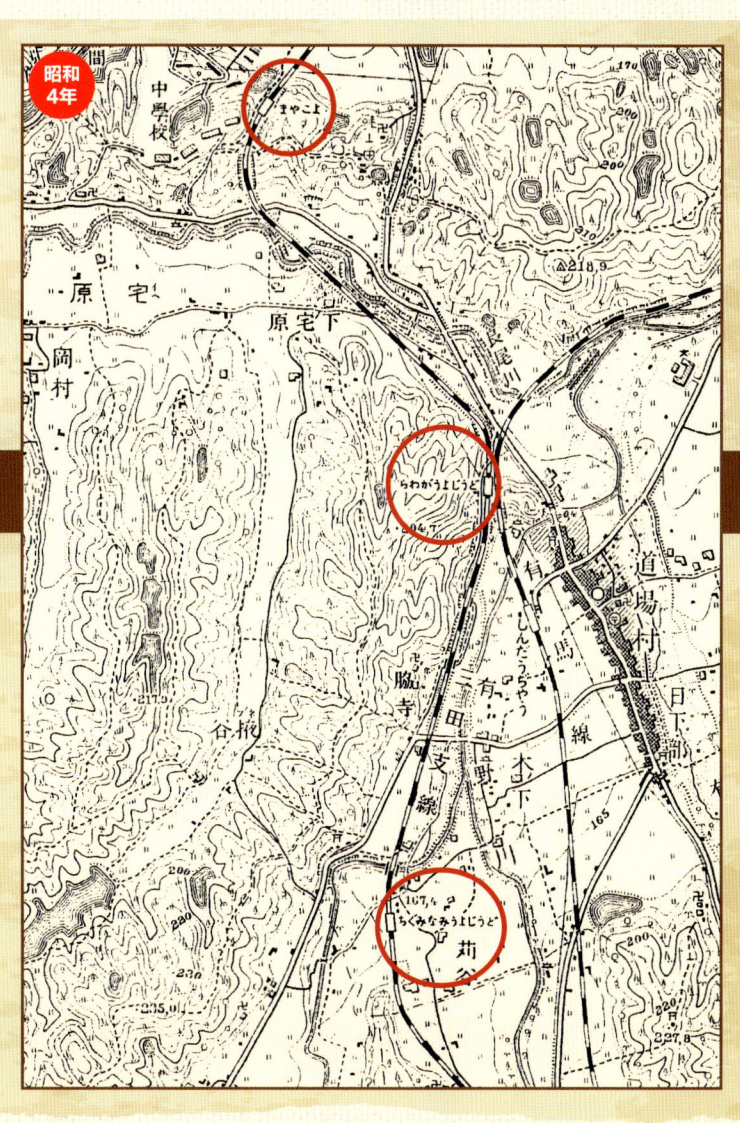

神戸市兵庫区 / 神戸市長田区 / 神戸市北区 / 三田市 / 神戸市西区 / 三木市 / 小野市 / 神戸市中央区 / 神戸市須磨区

Sanda Hommachi St. / Sanda St.

三田本町・三田
（さんだほんまち）（さんだ）

複線化で島式ホームになった三田本町駅
三田駅はJRの福知山線との乗換駅

【三田本町駅】
開業年	昭和4(1929)年10月10日
所在地	三田市相生町12-5
キロ程	11.0km（有馬口起点）
駅構造	地上駅／1面2線
乗降客	352人

【三田駅】
開業年	昭和3(1928)年12月18日
所在地	三田市駅前町1-30
キロ程	12.0km（有馬口起点）
駅構造	地上駅／2面2線
乗降客	8,360人

昭和36年

昭和38年

▲三田駅
下の写真と比べてホーム上屋などの様子に変わりはないが、車両がやや新しい。
撮影：中西進一郎

撮影：荻原二郎

▶三田駅
神戸電鉄のりばと、神戸電鉄バスのりばの案内板が共存した旧駅舎。直営のバス事業は、昭和18年に神姫バスの前身にあたる神姫合同自動車へ譲渡するが、昭和24年に免許を再取得し、バス事業を直営していた。平成10年に分社化で神鉄バスが発足している。

▶三田駅
昭和30年代中頃の三田駅ホームとデ1形のデ5。頭端式ホームの基本構造は現在も同じだが、当時はまだ4両編成に対応したプラットホームではなかった。

平成23年

昭和36年

▶三田本町駅
元は単式ホーム1面1線の駅で、平成3年の横山〜三田間の複線化にともない島式ホーム1面2線化、駅舎も新しくなった。

撮影：岩堀春夫

撮影：荻原二郎

　三田本町駅は、市街地の東に位置する中心街「本町」に近い駅として昭和4（1929）年に新設された。元は単式ホーム1面1線だったが、平成3（1991）年の横山〜三田間の複線化で島式ホーム1面2線になり、駅舎の改築も行われた。駅舎とホームは地下道で連絡し、駅と南側を結ぶ地下道が駅舎の外にある。
　三田駅は三田線の終着駅で地上駅。橋上駅舎のJR西日本三田駅と隣接し、福知山線に乗り換えて大阪方面へ通勤する乗客が多い。駅は頭端式ホーム2面2線で、2番線は降車ホームにも接するが、降車ホームは通常使用されず、両方の扉は開かない。

　鉄道省の有馬線の三田駅は、現在のJRと神戸電鉄の間に位置し、JRの保線車両用の引込線がその跡地になる。過去には、神戸電気鉄道（現・神戸電鉄）と国鉄との渡り線もあり、電化の同線（国鉄線も一部電化）を使って国鉄との間で貨物輸送を行った。これは、鉄道省の有馬線の休止をうけて有馬〜三田間の貨物輸送を引き継いだもので、昭和30年代に貨物輸送を廃止した後も渡り線は新車の搬入線として活用された。その後、神戸電気鉄道（現・神戸電鉄）の三田駅を3両から4両編成に対応させるために線路の改修が必要になり、昭和56（1981）年に渡り線は撤去された。

神戸電鉄三田線

▲三田本町駅 （平成23年）
かつては、単式ホームであったが、複線化で島式ホームが設置された。

▲神戸電鉄三田駅 （平成16年）
JRの三田駅方向から見た神戸電鉄三田駅。

▲国鉄三田駅 （昭和46年）撮影：佐野正武
現在では電化通勤路線のイメージが濃い福知山線だが、当時は非電化で旧型客車を連ねた列車が発着していた。

▲三田小学校と三田実科女学校 （昭和初期）所蔵：生田誠
三田実科女学校は明治40年に三田小学校内に「三田裁縫女学校」として開校。後の統合により現在の県立有馬高校となる。

古地図探訪　三田本町・三田付近

　三田本町駅や三田駅ともに、現在は市街地に組み込まれているが、地図の当時では三田町（現・三田市）の市街地が駅付近までは達していなかった。福知山線の北側は三輪村と記されているが、当村は昭和2（1927）年に町制施行し、三輪町となり、三田線開通当時の三田駅は、三田町ではなく、隣接する三輪町域だった。三輪町は、昭和31（1956）年に三田町や他村と合併し、新生の三田町になり、駅の所在地が三田町になった。三田町が市制施行したのは、昭和33（1958）年だった。

　道場川原駅（現・神鉄道場駅）付近で三田線と分かれた鉄道省の有馬線は、同省の福知山線と地図の右で合流している。

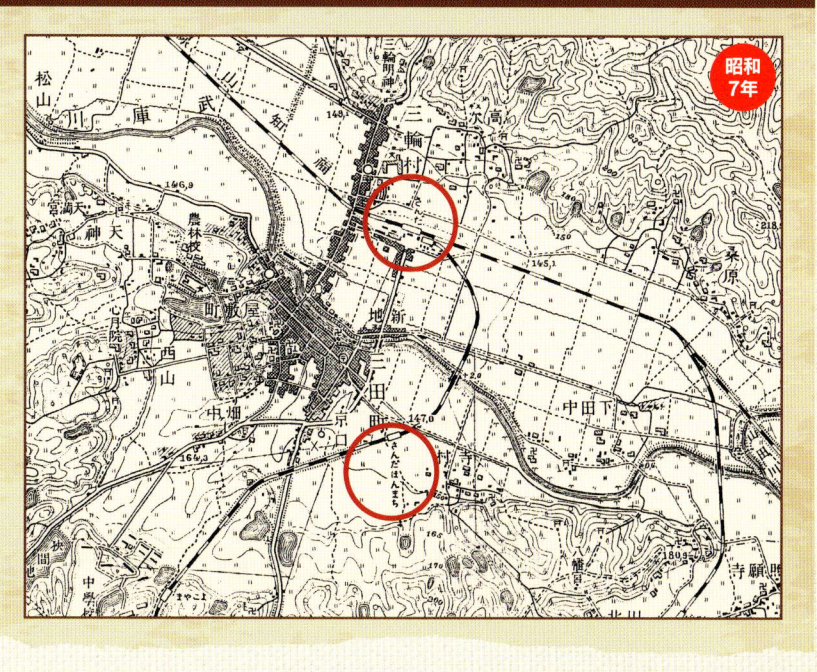

（昭和7年）

61

Flower Town St. / Minami Woody Town St. /

フラワータウン・南ウッディタウン中央

北摂三田ニュータウンの路線として規模の大きな整然とした駅が続く

▲フラワータウン駅 （平成19年）
平成3年の公園都市線開業時に暫定的な終着駅として開設された。ウッディタウン中央への延伸が平成8年だったため、その間、北摂三田ニュータウンの中心駅として機能した。

▲南ウッディタウン駅 （平成23年）
ウッディタウン中央駅への延伸にともない平成8年に開設された。

▲フラワータウン駅全景 （平成19年）
ビルの下に島式1面2線のホームがある橋上駅のような構造である。

　公園都市線は、平成3（1991）年10月に、まず横山駅～フラワータウン駅間が開業した。フラワータウン駅は北摂三田ニュータウンの南地区に位置するフラワータウンの玄関駅。島式ホーム1面2線で駅ビルを備える。駅周辺にはショッピングセンターやホテルなどがあり、北西には兵庫県立人と自然の博物館もある。

　次の南ウッディタウン駅は平成8（1996）年3月に開業。ウッディタウン中央への延伸開業時に設置された。駅は盛土式で地上1階が改札・コンコース、地上2階に島式ホーム1面2線がある。

　ウッディタウン中央駅は、北摂三田ニュータウンの中央地区に位置するウッディタウンの中心駅として開業。島式ホーム1面2線で橋上駅舎を備える。この駅舎は第2回近畿の駅百選に選ばれ、屋根は青い波を表現し、山や木に囲まれたニュータウンに潤いを与えるというコンセプトのもとデザインされた。駅の北東には旧神戸三田新阪急ホテルの三田ホテル、駅南東にはイオンのショッピングモールなどが建つ。

　当駅から先、カルチャータウン方面への延伸が構想されているが、現在のところ進展は見られない。

神戸電鉄公園都市線

Woody Town Chūō St.
ウッディタウン

【フラワータウン駅】
開 業 年	平成3(1991)年10月28日
所 在 地	三田市弥生が丘1-11
キ ロ 程	2.3km（横山起点）
駅 構 造	地上駅／1面2線
乗 降 客	3,089人

【南ウッディタウン駅】
開 業 年	平成8(1996)年3月28日
所 在 地	三田市あかしあ台5-101-5
キ ロ 程	4.5km（横山起点）
駅 構 造	地上駅／1面2線
乗 降 客	869人

【ウッディタウン中央駅】
開 業 年	平成8(1996)年3月28日
所 在 地	三田市ゆりのき台1-102
キ ロ 程	5.5km（横山起点）
駅 構 造	地上駅・橋上駅／1面2線
乗 降 客	1,573人

平成23年

▲南ウッディタウン駅
撮影：岩堀春夫
特徴ある架線橋の中を走る2000系普通。2000系は公園都市線開業に備えて登場した。

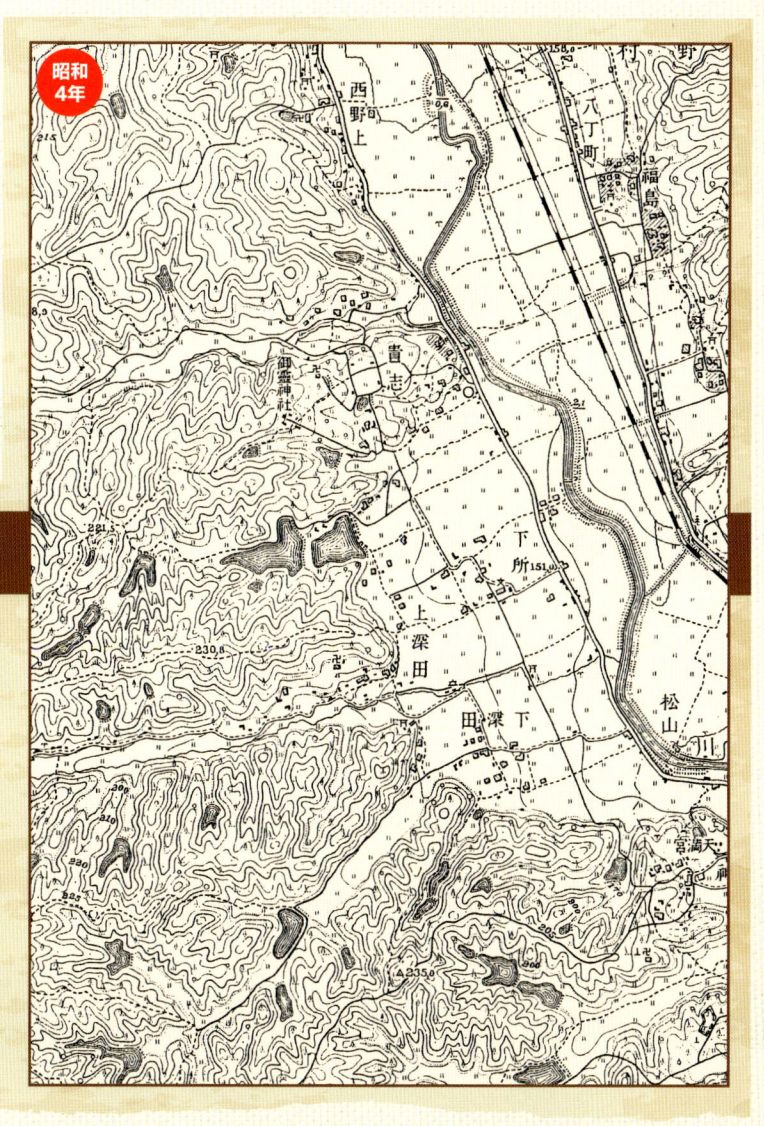

現在
▲ウッディタウン中央駅
撮影：高野浩一
ニュータウンのウッディタウンの玄関駅。神戸電鉄内では最北端の駅。橋上駅舎の屋根部は波をイメージ。

🚶 古地図探訪
公園都市線付近

　右の路線は鉄道省の福知山線で、福島という地名があり、国鉄時代の昭和61(1986)年、この付近に新三田駅が新設開業した。同駅は、ウッディタウンの玄関口としての利用も多く、公園都市線と競合する駅になっている。
　武庫川を挟んだ山側は当時山林だったが、現在は公園都市線を軸にした北摂三田ニュータウンが広がっている。地図内に、フラワータウン、南ウッディタウン、ウッディタウン中央の各駅が収まる。貴志の南西に点在する池は現在もあり、4つ並ぶ池のうち、一番左の細長い池とその隣の池の間を公園都市線が走り、フラワータウン駅～南ウッディタウン駅間になる。

昭和4年

神戸市兵庫区 | 神戸市長田区 | 神戸市北区 | 三田市 | 神戸市西区 | 三木市 | 小野市 | 神戸市中央区 | 神戸市須磨区

Suzurandai Nishiguchi St. / Nishi Suzurandai St. / Aina St.
鈴蘭台西口・西鈴蘭台・

鈴蘭台の発展と共に歩んだ西が付く2駅
藍那駅の先に二つのトンネルが出現

【鈴蘭台西口駅】

開業年	昭和12(1937)年12月28日
所在地	神戸市北区鈴蘭台南町3-12-15
キロ程	0.8km(鈴蘭台起点)
駅構造	地上駅／1面1線
乗降客	677人

【西鈴蘭台駅】

開業年	昭和45(1970)年6月5日
所在地	神戸市北区北五葉1-1-1
キロ程	1.3km(鈴蘭台起点)
駅構造	地上駅／2面2線
乗降客	5,060人

【藍那駅】

開業年	昭和11(1936)年12月28日
所在地	神戸市北区山田町藍那字清水26-2
キロ程	3.0km(鈴蘭台起点)
駅構造	地上駅／2面2線
乗降客	147人

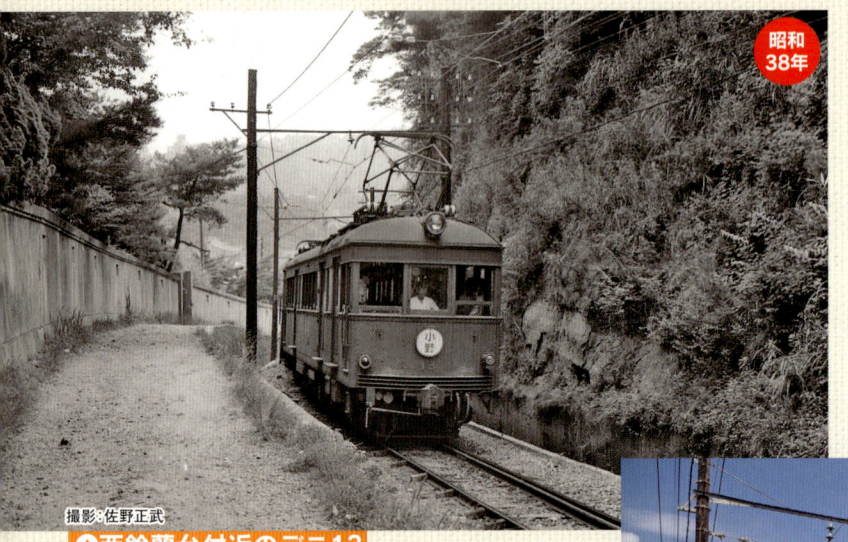

昭和38年

撮影:佐野正武

◆西鈴蘭台付近のデニ13
デニ13は手荷物室を備えた旅客車で、デニ11形4両のうちの1両。開業時からの電動客車である。

◆鈴蘭台西口駅
鈴蘭台駅方に急勾配のトンネルが存在する。戦前、駅のそばにダンスホールがあり、鈴蘭ダンスホール前という駅名だった時代がある。

平成23年
撮影:岩堀春夫

◆鈴蘭台西口駅
50‰の急勾配があるトンネル近くにホームが設置されている。

現在

　鈴蘭台西口駅は、三木電気鉄道時代の昭和12(1937)年に鈴蘭ダンスホール前駅として開業した。その後、ダンスホールは姿を消し、昭和17(1942)年に小部(おうぶ)西口駅へ改称。昭和37(1962)年に現駅名へ改称した。単式ホーム1面1線で、ホームの新開地側は50‰の急勾配のトンネルに接している。隣の西鈴蘭台駅が開業するまで、鈴蘭台方面からの列車が当駅で折り返す運用があった。1線のため、到着後素早く折り返していた。

　鈴蘭台西口駅から下り勾配を進むと西鈴蘭台駅。両駅間はわずか0.5kmで、粟生線で一番駅間距離が短い。当駅はニュータウンの開発にともない昭和45(1970)年に新設され、新開地方面との折り返し運転用に頭端式ホームの1・2番線を備えたが、現在は相対式ホーム2面2線の3・4番線のみとなり、1・2番線の跡地は駐車場になった。当駅から隣の藍那駅間は複線になるが、鈴蘭台駅との間は利用客が多いにも関わらず単線のままだ。沿線の開発が進み地価が高いなどの理由で実現していない。

　藍那駅は、県道52号に沿った山間の駅。川池信号所間の複線化工事は中断しているが、複線化のため増設した新しい藍那トンネルを電車は通過している。

神戸電鉄粟生線

藍那
あいな

●藍那駅
西鈴蘭台駅までに比べて途端に利用客が少なくなる駅で、近年の1日あたりの乗車人員は2桁の数字。駅舎を出るとすぐに県道52号で、山間の駅のような雰囲気だ。

昭和23年

撮影：岩堀春夫

平成19年

●西鈴蘭台駅
2面2線に変更された西鈴蘭台駅。

●西鈴蘭台駅
鈴蘭台駅～西鈴蘭台駅間は利用客が多く、かつては、新開地駅～当駅間の折り返し運転用に頭端式ホームを備えていた。

現在

撮影：岩堀春夫

🚶 古地図探訪

鈴蘭台・鈴蘭台西口・西鈴蘭台・藍那付近

　昭和11(1936)年12月開業の三木電気鉄道（現・粟生線）が鈴蘭台駅から西へ分岐し、カーブの先に50‰の急勾配を持つトンネルが現れる。昭和12(1937)年12月、その出口付近に鈴蘭ダンスホール前駅（現・鈴蘭台西口駅）が開業した。戦前の鈴蘭台は、避暑と遊興を兼ねた歓楽街として発展を続け、遊興施設の進出が街の西側にも及び始めていた。
　戦後から高度経済成長期にかけての鈴蘭台は、住宅地として急速に発展し、昭和45(1970)年には、西鈴蘭台駅も開業したが、宅地化は同駅付近までで、藍那駅にかけては地形の関係で現在も住宅は多くなく、阪神高速7号北神戸線が粟生線と交差している。

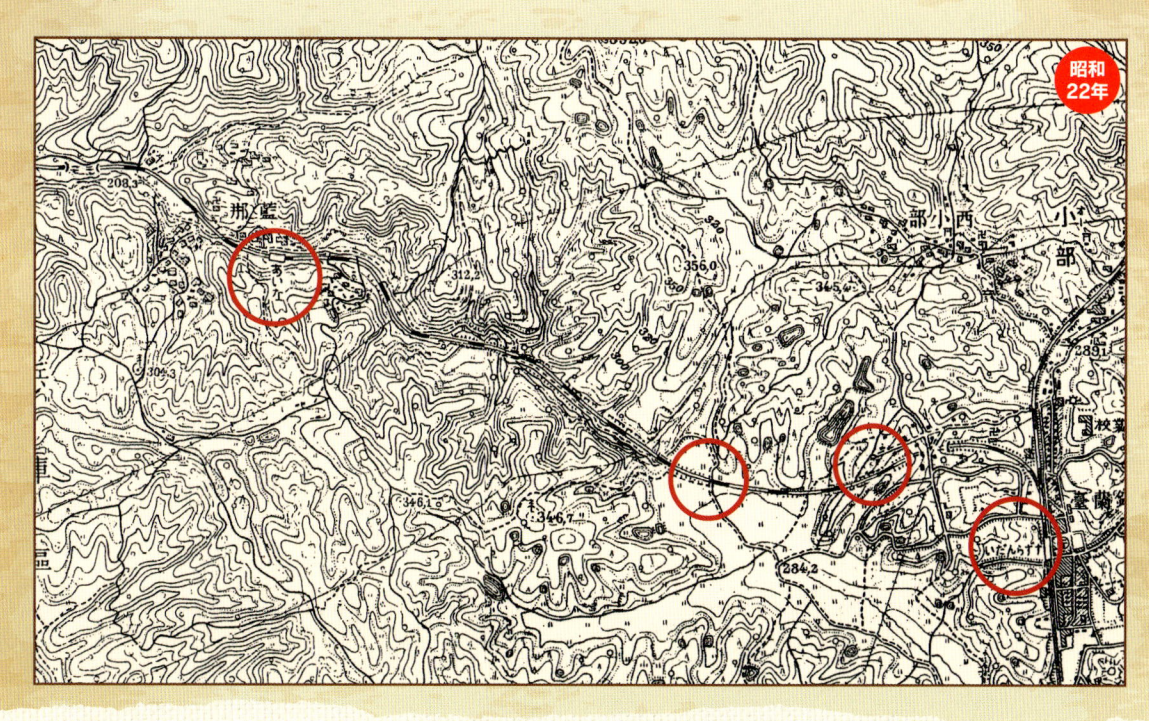

昭和22年

神戸市兵庫区 / 神戸市長田区 / 神戸市北区 / 三田市 / 神戸市西区 / 三木市 / 小野市 / 神戸市中央区 / 神戸市須磨区

Kizu St. / Kobata St. / Sakae St. / Oshibedani St.

木津・木幡・栄・

木津、木幡、栄は同時に駅名を再改称
押部谷は三木電気鉄道開業時からの駅

【木津駅】

開 業 年	昭和12（1937）年4月27日
所 在 地	神戸市西区押部谷町木津勝田964-3
キ ロ 程	6.4km（鈴蘭台起点）
駅 構 造	地上駅・橋上駅／2面2線
乗 降 客	331人

【木幡駅】

開 業 年	昭和12（1937）年6月15日
所 在 地	神戸市西区押部谷町木津字居垣内54-2
キ ロ 程	8.1km（鈴蘭台起点）
駅 構 造	地上駅／2面2線
乗 降 客	500人

平成20年

▶押部谷駅
島式ホームを備え、真ん中の2番線から新開地方面への始発電車もある。

撮影：岩堀春夫

▶木幡駅
駅舎は昭和54年に建てられたもの。相対式ホーム2面2線で、構内踏切がある。

現在

▶栄駅
昭和54年に駅舎が建つまで駅舎が無かった。ホーム間は構内踏切を利用する。

平成27年

撮影：岩堀春夫

　藍那駅～木津駅間は3.4km。神戸電鉄で最も駅間が長い。両駅間には昭和50（1975）年開設の川（かわ）池（いけ）信号所があり、当信号所の木津駅側から押部谷駅間は複線化されている。

　木津駅は相対式ホーム2面2線で橋上駅舎。駅の南の丘には神戸複合産業団地が広がり、橋上駅舎と歩道橋で結ばれている。隣駅の木幡駅との間には昭和54（1979）年開設の見津（みつ）信号所があり、見津車庫が隣接する。当車庫は、鉄道イベントの「神鉄トレインフェスティバル」で車両撮影会が行われている。木幡駅は、木幡駅として開業後、隣駅の木津駅や栄駅とともに昭和27（1952）年に電鉄付きの駅名へ改称。昭和63（1988）年に木津駅や栄駅と同時に電鉄を除き木幡駅に戻った。栄駅は、駅周辺に桜が丘や月が丘などの新興住宅地が広がるが、利用客数は減少傾向で、昭和62（1987）年営業開始の神戸市営地下鉄西神中央駅（バスでアクセス）や平成13（2001）年開業の神姫バス恵比須快速線を利用して三宮へ直接出る人が多く、周辺の駅でも見られる。

　押部谷駅は、単式ホーム1面、島式ホーム1面で3線の駅。当駅始発の新開地方面行もあり、2番線から発車する。この駅から終着駅の粟生駅までは単線区間になる。

押部谷
おしべだに

神戸電鉄粟生線

【栄駅】

所在地	昭和12(1937)年6月15日
ホーム	神戸市西区押部谷町栄字北万覚251-1
乗降人数	9.6km（鈴蘭台起点）
開業年	地上駅／2面2線
キロ程	814人

【押部谷駅】

所在地	昭和11(1936)年12月28日
ホーム	神戸市西区押部谷町福住岡本501-3
乗降人数	11.2km（鈴蘭台起点）
開業年	地上駅／2面3線
キロ程	964人

▶ **押部谷駅**
新開地方面始発電車もあり、2面3線の構造。昭和55年に駅舎を改築した。

平成20年
撮影：岩堀春夫

◀ **木津駅**
平成11年に橋上駅舎化。神戸複合産業団地との間は歩道橋で連絡している。

平成19年
撮影：岩堀春夫

▶ **栄駅**
構内通路が上下のホームを結んでいる相対式2面2線の地平駅。

平成20年
撮影：岩堀春夫

古地図探訪

木津・木幡・栄・押部谷付近

　木津～押部谷間の各駅は、元は明石郡押部谷村で、同村は昭和22(1947)年に神戸市へ編入し、駅の所在地は神戸市垂水区押部谷町となり、昭和57(1982)年の西区誕生にともない、神戸市西区押部谷町になった。木津駅は、押部谷町木津、栄駅は押部谷町栄で、地名が駅名になっている。木幡駅は、駅位置の関係で駅北西の木幡ではなく木津、押部谷駅は、押部谷村の中心地だった福住に所在し、他の3駅よりも早く開業した。

　地図当時は、神戸市になったとはいえ、押部谷村時代からの農村で、ベッドタウンとして開発が始まるのは昭和40年代に入ってからである。

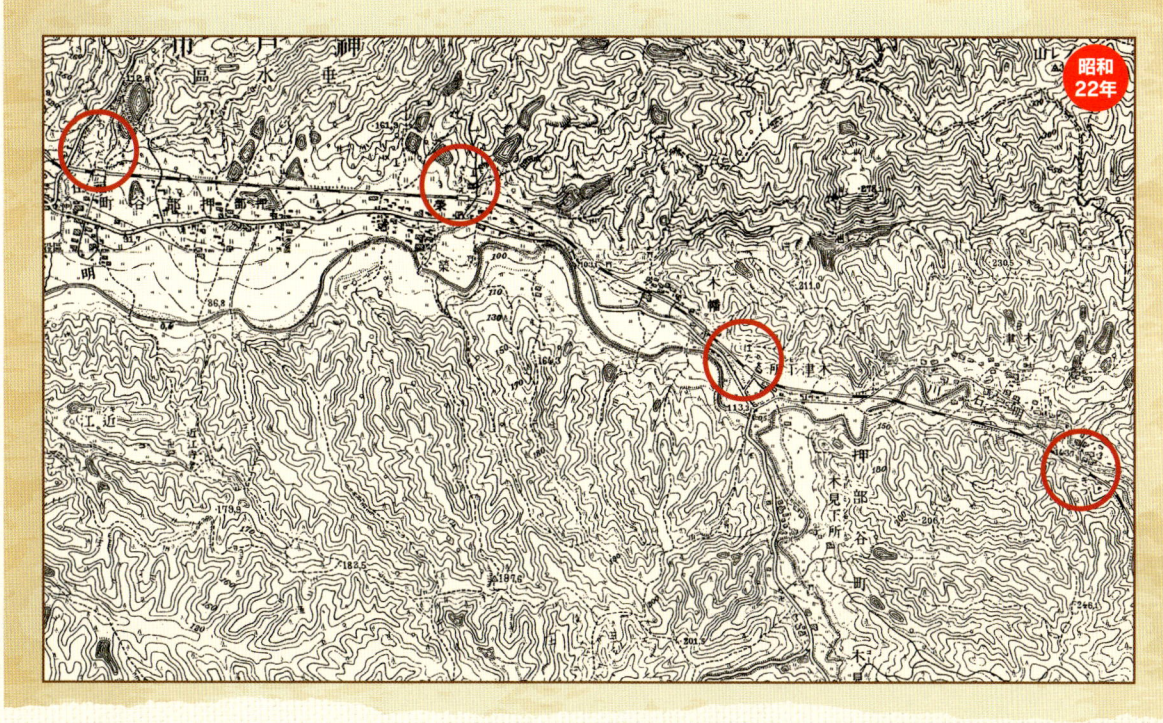

昭和22年

Midorigaoka St. / Hirono Golf Jō Mae St. /
緑が丘・広野ゴルフ場前・

駅名変遷、緑が丘、広野ゴルフ場前
編成の増解結を行った志染駅

【緑が丘駅】
開業年	昭和25（1950）年3月8日
所在地	三木市志染町広野7-118
キロ程	12.8km（鈴蘭台起点）
駅構造	地上駅／1面1線
乗降客	1,727人

【広野ゴルフ場前駅】
開業年	昭和11（1936）年12月28日
所在地	三木市志染町広野7-116
キロ程	13.5km（鈴蘭台起点）
駅構造	地上駅／1面2線
乗降客	549人

【志染駅】
開業年	昭和12（1937）年12月28日
所在地	三木市志染町西自由が丘1-836
キロ程	15.6km（鈴蘭台起点）
駅構造	地上駅／2面3線
乗降客	1,954人

平成23年
撮影：岩堀春夫

▲広野ゴルフ場前駅
島式ホームの広野ゴルフ場前駅。まるでローカル線のようなのどかな雰囲気。

▶広野ゴルフ場前駅
名門ゴルフコースの最寄駅。島式ホーム1面2線で、昭和59年に行き違いの設備が整備された。

現在

◀緑が丘駅
三木市に所在し、戦後に広野野球場前の駅名で開業、駅の南側は広野ゴルフ倶楽部で、駅名の緑が丘はニュータウンの名にも見られる。

現在

　緑が丘駅は、広野野球場前駅として昭和25（1950）年に開業。駅の北側には三木市の緑が丘や青山のニュータウンが広がり、駅前ロータリーには三宮と直結する神姫バス恵比須快速線が発着する。広野ゴルフ場前駅は、昭和7（1932）年開場の名門コース「広野ゴルフ倶楽部」が目の前。昭和11（1936）年12月に鈴蘭台～当駅間が開業し、当初は終着駅だった。当時は電化が間に合わず、ガソリンカーを借りて営業を始めたが、翌年4月に電車運転を開始した。駅名は昭和17（1942）年に広野新開駅へ改称後、昭和26（1951）年に現駅名へ再改称した。
　志染駅では、平成13（2001）年6月のダイヤ改正で当駅以西（粟生方面）への4両直通運転が開始されるまで、ラッシュ時に朝の増結、夕方の解放が行われ、新開地方面が5両、粟生方面が3両の運転体制を維持してきた。また、同時にラッシュ以外の時は新開地駅～当駅間、当駅～粟生方面間で運転を分けていたため、両折り返し列車の接続駅としても機能した。平成24（2012）年5月のダイヤ改正では、新開地～粟生方面の直通列車の多くが志染駅折り返しに変更され、粟生方面の本数が大幅に減少。当駅折り返し列車が増える結果となった。

Shijimi St.
志染(しじみ)

志染駅 【平成21年】
粟生線の主要駅で、かつては編成の解結が盛んに行われた。現在、この駅を境界にして、新開地方面と粟生方面とでは運転本数が大きく異なる。当駅始発、終着の運転もあり、三木市内のニュータウンの中心駅でもある。
撮影：岩堀春夫

志染駅 【平成21年】
高速路線バスの影響で利用客が減少傾向だが、粟生線の中では比較的利用客が多い。
撮影：岩堀春夫

志染駅 【平成21年】
昭和55年7月、天皇・皇后両陛下、皇太子・美智子妃両殿下が新開地駅から当駅まで、ご乗車された。
撮影：岩堀春夫

古地図探訪　緑が丘・広野ゴルフ場前・志染付近

昭和22(1947)年、神戸有馬電気鉄道(現・神戸電鉄)は、三木電気鉄道(現・粟生線)を合併し、神有三木電気鉄道になる。昭和24(1949)年に同社は、神戸電気鉄道(現・神戸電鉄)に社名変更するので、地図の神有三木電気鉄道は短命だった。広野野球場前駅(現・緑が丘駅)は未開業、広野ゴルフ場前駅は、戦時中に広野新開駅(地図記載)へ改称し、同駅名は昭和26(1951)年に広野ゴルフ場前駅へ戻るまで使用された。

当時の志染駅付近は、特に大きな集落もなく、山林が迫っていた。この地図全体の上部を埋め尽くす山林一帯は、現在はすっかりニュータウンになっている。

【昭和22年】

◀広野ゴルフ場前駅ホーム 【平成23年】
ゴルフ場は当駅から緑が丘駅にかけて広がっている。昭和17年に一度駅名が改称されたのは戦争によるものと考えられる。
撮影：岩堀春夫

神戸電鉄粟生線

神戸市兵庫区／神戸市長田区／神戸市北区／三田市／神戸市西区／三木市／小野市／神戸市中央区／神戸市須磨区

Ebisu St. / Miki Uenomaru St. / Miki St.
恵比須・三木上の丸・三木

平成14年、恵比須駅新駅舎に
終着駅だった三木東口と三木福有橋の両駅

【恵比須駅】

開 業 年	昭和12(1937)年12月28日
所 在 地	三木市大塚2-1-56
キ ロ 程	17.6km（鈴蘭台起点）
駅 構 造	地上駅／1面1線
乗 降 客	732人

【三木上の丸駅】

開 業 年	昭和12(1937)年12月28日
所 在 地	三木市本町1-3-8
キ ロ 程	18.6km（鈴蘭台起点）
駅 構 造	地上駅／1面1線
乗 降 客	205人

【三木駅】

開 業 年	昭和13(1938)年1月28日
所 在 地	三木市末広1-1-35
キ ロ 程	19.3km（鈴蘭台起点）
駅 構 造	地上駅／2面2線
乗 降 客	948人

平成21年
撮影・岩堀春夫

●恵比須駅
三木市の第二の玄関駅として、駅舎や駅前ロータリーが整備され、平成14年に黒瓦となまこ壁の和風駅舎になった。

▶三木城址から望む
三木上の丸駅付近の三木城址からの景色。カーブする珍しい橋梁で勾配を下ると三木市街地の三木駅に達する。

平成21年
撮影・岩堀春夫

◀三木上の丸駅
三木城址のある丘近くの駅。街よりも一段高い位置に設置されている。昔ながらの木造駅舎が健在。

現在

　恵比須駅は久留美駅から昭和14(1939)年に現駅名へ改称した。駅の北側に戎神社、駅前に恵比寿像が立つ。三木市役所などの公共施設が南西にあり、第3回近畿の駅百選に選ばれた黒瓦となまこ壁の駅舎が建つ。駅前のロータリーには、三宮と直結する神姫バスの恵比須快速線が発着。北東の平木山には、ぶどう園や三木城攻めの際に病で没した羽柴秀吉の軍師竹中半兵衛の墓がある。

　三木上の丸駅は、広野ゴルフ場前駅～三木東口駅(現・三木上の丸駅)間の延伸にともない昭和12(1937)年12月に開業。上の丸駅を経て、昭和23(1948)年に現駅名へ改称した。駅のすぐ南の丘は三木城址で、羽柴秀吉が城主別所長治を兵糧攻めで攻略した三木合戦で知られる。駅は北側の県道から細い道を入り、階段またはスロープを上がった先で、年季の入った木造駅舎がある。

　曲線を描きながら勾配を下る珍しい橋梁を過ぎると三木駅。三木福有橋駅として開業後、昭和26(1951)年12月の電鉄小野駅(現・小野駅)延伸まで終着駅で、電鉄三木駅への改称は昭和29(1954)年元旦だった。現駅名への改称は昭和63(1988)年4月のこと。平成13(2001)年6月ダイヤ改正での志染駅以西4両編成化でホームを延伸。工事に支障する構内踏切を廃止し、駅舎や改札口と分断された上りホーム側に駅舎や改札口を新設した。

神戸電鉄粟生線

▶三木駅
カーブ上に位置する三木駅。三木福有橋から電鉄三木を経て現在の駅名に。平成13年まで構内踏切があった。

平成20年

平成21年

▲三木上の丸駅
単式ホーム1面1線の駅。背景の山林は、三木城址の丘から続く樹々。

撮影：岩堀春夫

撮影：岩堀春夫

◀三木鉄道のディーゼルカー
三木鉄道は厄神〜三木間の路線だったが、平成20年に廃止。写真は同鉄道を走ったミキ300形。

平成16年

撮影：岩堀春夫

平成19年

▶三木鉄道三木駅
三木市市街地の南に位置した。国鉄三木線を転換した第三セクターで、国鉄から引き継いだ駅舎を使用していた。

古地図探訪

恵比須・三木上の丸・三木付近

当時の三木町で、他の3村と合併して三木市が発足するのは昭和29 (1954) 年のこと。現在は、恵比須駅の南西に三木市役所などが建つが、当時は未開発だった。三木城址北側の上の丸駅（現・三木上の丸駅）は、地図記号を見てもわかるように、町並みを見下ろす高台に建つ。

三木福有橋駅（現・三木駅）は、当時の終着駅。電鉄小野駅（現・小野駅）への延伸は昭和26 (1951) 年12月。地図には、神有三木電鉄三木線とある。市街地南西端には、三木線と三木駅。播丹鉄道国有化で三木線となり、昭和60 (1985) 年に三木鉄道へ転換したが、平成20 (2008) 年に廃止された。

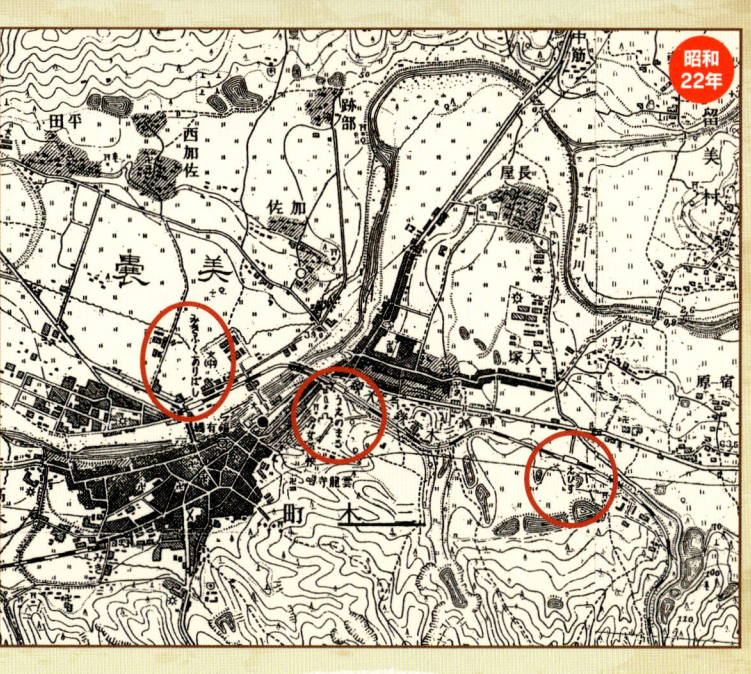

昭和22年

神戸市兵庫区 / 神戸市長田区 / 神戸市北区 / 三田市 / 神戸市西区 / 三木市 / 小野市 / 神戸市中央区 / 神戸市須磨区

71

Ōmura St. / Kashiyama St. / Ichiba St. / Ono St.

大村・樫山・市場・

各駅とも、昭和26年の延伸時に開設
小野の中心部付近に電鉄小野駅開業

【大村駅】
開業年	昭和26(1951)年12月28日
所在地	三木市大村字谷後845-4
キロ程	20.8km（鈴蘭台起点）
駅構造	地上駅／1面1線
乗降客	434人

【樫山駅】
開業年	昭和26(1951)年12月28日
所在地	小野市樫山町字腰掛1476-3
キロ程	23.2km（鈴蘭台起点）
駅構造	地上駅／2面2線
乗降客	213人

平成3年
撮影：岩堀春夫

🔴市場駅
保線基地や車両等の搬入用線路は平成2年に整備された。

平成21年
🔴樫山駅
この駅から小野市に所在する駅になる。平成21年にコミュニティセンターのある新しい駅舎へ生まれ変わった。 
撮影：岩堀春夫

平成21年
🔴大村駅
電鉄小野駅への延伸にともない開業する。当時は大村駅で、昭和27年に電鉄大村駅に。昭和63年に大村駅へ戻った。
撮影：岩堀春夫

平成3年
🔴市場～小野間の普通栗生行
吊り掛け駆動音を立てながら、木製架線柱が残るカーブを走る800系。
撮影：岩堀春夫

　三木市市街地の北西に位置する大村駅は、単式ホーム1面1線で小さな駅舎が建つ。駅前ロータリーはなく、駅周辺の道幅は狭い。駅から少し離れた県道沿いにはロードサイド店舗が多く進出する。
　樫山駅は、相対式ホーム2面2線で行き違いが可能な駅。平成21(2009)年にコミュニティセンター併設の新駅舎へ改築され、駅前ロータリーの整備も行われた。北播磨総合医療センターの最寄駅で、当センターとのシャトルバスもある。
　市場駅の駅舎はプレハブ建ての小規模なもの。単式ホーム1面1線の向うには、保線基地があり、レール等の資材や車両の搬入を行う施設が整っている。車両搬入は当駅までトレーラーで運ばれる。
　小野駅は小野市の代表駅。同駅開業までは中心部から離れた加古川線小野町駅が玄関口だった。昭和63(1988)年に電鉄小野から現駅名へ改称。島式ホーム1面2線と新開地方面への折り返し線1線がある。平成3(1991)年竣工の橋上駅舎で、3階建ての駅ビルと直結し、駅ビルには神戸電鉄運営の学童保育所「おのっこクラブ」や小野市福祉公社の事業所などが入居する。

小野
おの

【市場駅】

開 業 年	昭和26(1951)年12月28日
所 在 地	小野市池尻町字尾ノカチ410-2
キ ロ 程	23.9km（鈴蘭台起点）
駅 構 造	地上駅／1面1線
乗 降 客	115人

【小野駅】

開 業 年	昭和26(1951)年12月28日
所 在 地	小野市神明町字西畑ケ235-3
キ ロ 程	26.2km（鈴蘭台起点）
駅 構 造	地上駅・橋上駅／1面2線
乗 降 客	1,767人

昭和40年頃

神戸電鉄小野駅前
写真右側の看板「有馬ヘルスセンター」は昭和37年に開業。昭和40年代～50年代に大変な賑わいをみせた。

提供：小野市

現在

市場駅
開業から長い間は電鉄市場駅だったが、昭和63年に市場駅へ改称した。

現在

小野駅
県の中南部に位置する小野市の玄関口。橋上駅舎化は平成3年。反対出口の駅ビルは、テナントになっている。

古地図探訪
樫山・市場・小野付近

　樫山駅付近は、駅西側などに民家が集まるほどだったが、現在は北東の山林が開発され、新興住宅地が広がっている。市場駅の当時の駅名は電鉄市場。加古川対岸に国鉄加古川線の市場駅があり、混同を避ける意味もあって電鉄が付いていた。

　粟生線は、万勝寺川を渡ると、小野藩陣屋跡を貫かず、市街地寄りへ進路を変えて電鉄小野駅（現・小野駅）に達する。小野は、一柳家1万石の城下町だったところで、陣屋跡には、平成2（1990）年に一柳家文書などを収蔵する市立好古館が建ち、駅西側の雁又池は、埋め立てられて公園になった。地図当時、陣屋跡の南側一帯は田畑だったが、今は住宅地になっている。

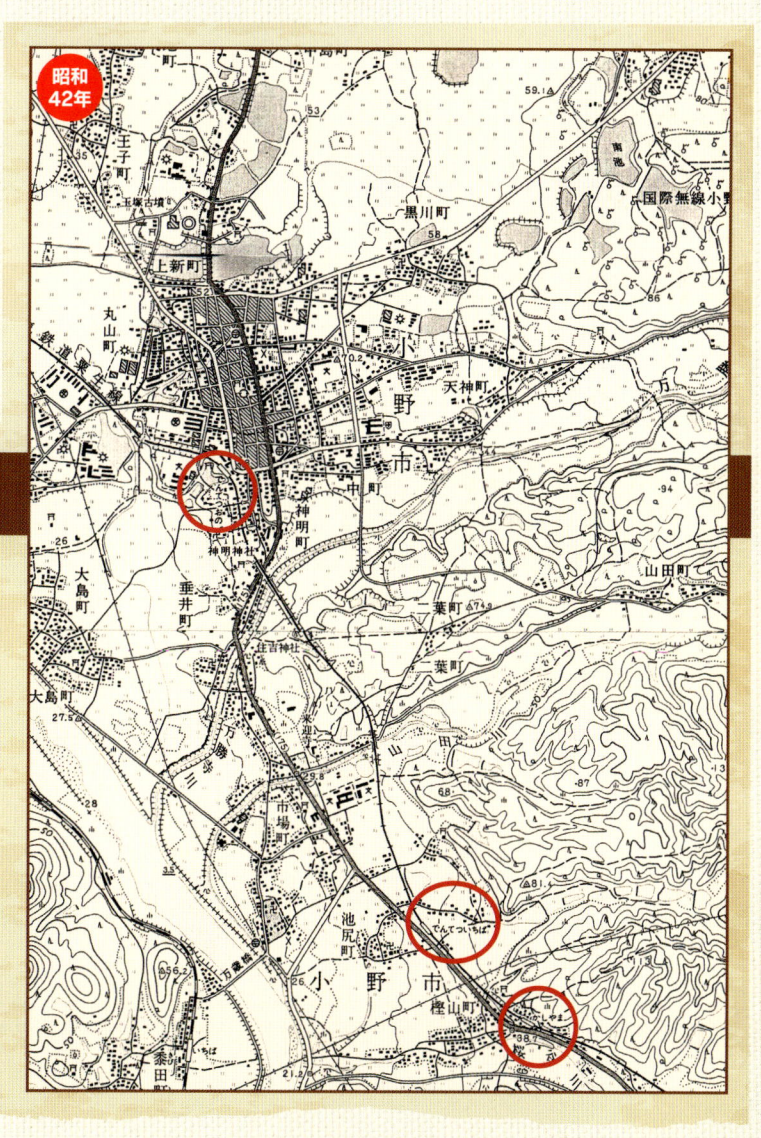

昭和42年

Hata St. / Ao St.

葉多・粟生
昭和27年、粟生線全通で両駅が開業
加古川線と北条線との接続駅が登場

【葉多駅】
開業年	昭和27(1952)年4月10日
所在地	小野市葉多町字家ヶ内578-2
キロ程	27.7km(鈴蘭台起点)
駅構造	地上駅／1面1線
乗降客	126人

【粟生駅】
開業年	昭和27(1952)年4月10日
所在地	小野市粟生町字大畑1883-38
キロ程	29.2km(鈴蘭台起点)
駅構造	地上駅／1面1線
乗降客	807人

平成27年

平成18年

▲粟生駅
旧駅舎で国鉄時代から引き継がれた建物だった。

▼葉多駅
単式ホーム1面1線のののどかな駅。

▲明治期のトラス橋
葉多〜粟生間で加古川を渡る。ここには、ポニーワーレントラスが残り、貴重な鉄道遺産と言える。

平成27年

◀粟生駅
神戸電鉄の粟生駅は、JRの加古川線が発着するホームに接している。

平成23年

　葉多駅は、小野市中心部から西方へ向かったところで、あたりには田畑が広がる。単式ホーム1面1線の、いわゆる棒線駅。プレハブの駅舎が小野駅寄りに建つ。

　葉多〜粟生間の加古川に架かる橋梁には、明治期の英国製ポニーワーレントラスが他所から転用されて使用され続けている。かつては3連だったが、橋の改修工事時に1連が撤去され、現在は加東市の県立「播磨中央公園」の歩道橋に活用のうえ保存されている。

　西側にJRの加古川線が近づけば終着駅の粟生駅。神戸電鉄最西端の駅だ。電鉄小野駅(現・小野駅)〜当駅間は、昭和27(1952)年4月に開通し、粟生線が全通した。

　JRの加古川線、北条鉄道との乗換駅で共同使用駅。頭端式ホーム1面、単式ホーム1面、島式ホーム1面の3面4線で、神戸電鉄は頭端式ホーム1線を使用。かつての神戸電鉄の乗降は、加古川線と同じ駅舎側のホームで、加古川線が発着する反対面だったが、平成11(1999)年の神戸電鉄の中間改札口導入に際して、発着ホーム向かいに専用ホームを新設した。島式ホームは加古川線下りと北条鉄道用。JR管轄の駅舎は、平成21(2009)年にコミュニティスペース併設の駅舎へ改築された。

神戸電鉄粟生線

◀粟生駅 〔平成16年〕

粟生駅は地域の交通の要衝。JRの加古川線や北条鉄道も発着する。写真は加古川線の電化直前で、加古川色のディーゼルカーが写る。

▼電化後の加古川線

加古川線は、平成16年12月に全線電化。写真は、粟生駅に停車する103系の3550番台。

撮影：岩堀春夫

◀粟生駅 〔現在〕

駅舎はJRが管轄し、小野市管理の「シルキーウェイあわの里」というコミュニティ施設を併設する。

撮影：高野浩一

古地図探訪　葉多・粟生付近

葉多あたりまで来ると、昭和42年当時も今もそう大きな変化はなく、のどかなところ。英国製ポニーワーレントラスの架かる加古川を渡れば終着駅の粟生駅だ。

粟生駅は、国鉄加古川線を軸に、粟生線のほか、国鉄北条線も分岐する交通の要衝。当時の地図と現在の地図を見比べても、駅周辺に大規模なニュータウンの開発はなく、昭和40年代からさほど大きな変化は無い。それゆえ、ローカル線らしい昔懐かしい雰囲気である。昭和40年代の粟生駅には、貨物側線があり、小野市は播州そろばんの産地で、算盤の原材料となる木材も貨車で運ばれてきた。

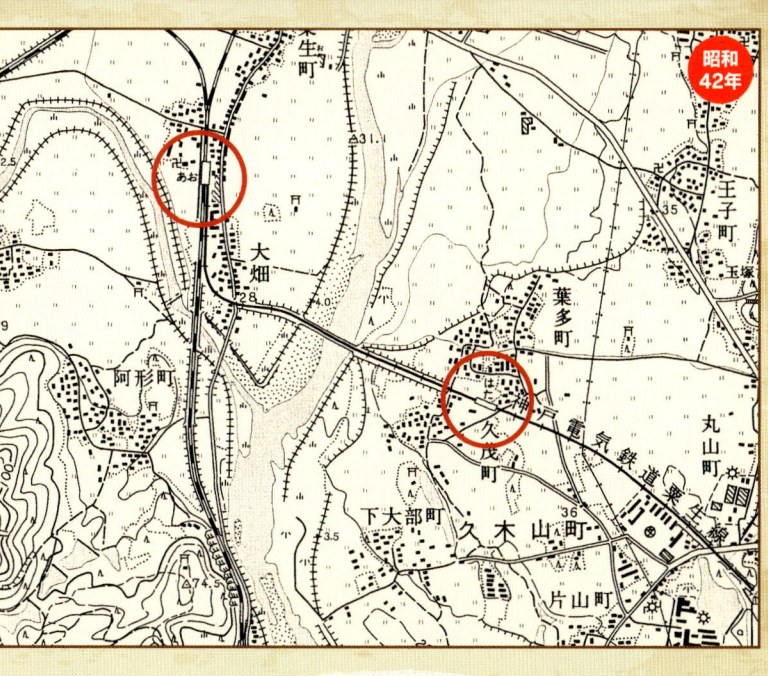

〔昭和42年〕

Shin-Kobe St. / Sannomiya St.
新神戸・三宮
山陽新幹線の接続駅、新神戸
地下2層ホームの三宮駅

【新神戸駅】
開業年	昭和60(1985)年6月18日
所在地	神戸市中央区加納町1
キロ程	0.0km（新神戸起点）
駅構造	地下駅／2面3線

【三宮駅】
開業年	昭和60(1985)年6月18日
所在地	神戸市中央区北長狭通1
キロ程	1.3km（新神戸起点）
駅構造	地下駅／2面2線

昭和36年
撮影：荻原二郎

平成21年
撮影：岩堀春夫

◎**新神戸駅**
山陽新幹線新神戸駅を背景にした市営地下鉄の出入口。相互直通運転を行う北神急行の表示もある。

◎**神戸市電、三宮阪神前付近の1000形**
国鉄三ノ宮駅の高架下を走り抜けた1000形。1000形は戦後に製造の3扉車だったが、後に2扉化して座席を増やした。

◎**新神戸駅**
新幹線の駅と連絡する地下鉄の出入口。地下2階に改札口、プラットホームは地下3階。

平成25年
撮影：岩堀春夫

◎**新神戸駅**
新幹線との接続駅新神戸。地下鉄と新幹線を連絡するコンコースも広い。

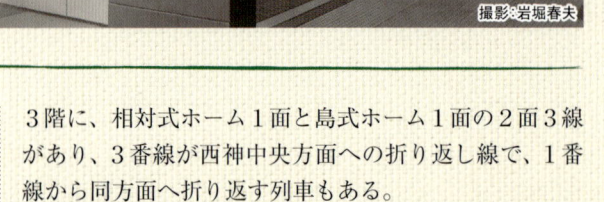

昭和61年
撮影：岩堀春夫

　新神戸駅は、相互直通運転を行う神戸市営地下鉄西神・山手線と北神急行電鉄北神線の境界駅で、山陽新幹線の接続駅。昭和60(1985)年の神戸市営地下鉄山手線大倉山駅～新神戸駅間の開通で開業し、昭和63(1988)年の北神急行電鉄北神線の開業で境界駅になった。

　北神線は新神戸駅～谷上駅間7.5kmで、高架駅の谷上駅付近のほかは7kmを越える北神トンネルで途中駅はない。北神線のみの運行は無く、谷上駅～西神中央駅間の直通運転のほか、新神戸駅で折り返す運転もある。谷上駅発着列車では、神戸市営地下鉄と北神急行電鉄の乗務員交代が行われる。新神戸オリエンタルシティの地下3階に、相対式ホーム1面と島式ホーム1面の2面3線があり、3番線が西神中央方面への折り返し線で、1番線から同方面へ折り返す列車もある。

　三宮は、神戸の交通の中心地。JRの三ノ宮駅や阪神、阪急の神戸三宮駅、神戸市営地下鉄と神戸新交通ポートアイランド線の三宮駅があり、神戸市営地下鉄海岸線の三宮・花時計前駅もある。地下鉄の西神・山手線の駅は、地上の生田新道の幅員が狭いために地下3層の構造で、地下1階に改札口、地下2階に新神戸・谷上方面の1番線、地下3階に西神中央方面の2番線を設け、各ホームとも単式ホーム1面1線だ。

神戸市営地下鉄西神・山手線

▲地下3階の2番ホーム
昭和61年

地下3層構造の三宮駅。地下1階が改札口、1番線は地下2階、2番線は地下3階。各ホームは単式ホームで、写真は2番線に到着の名谷行。

▲新神戸駅折り返し運転時代
昭和61年

北神急行電鉄開業前で、当駅で全ての列車が折り返し運転を行っていた。1000形は昭和52年の営業開始に備えて製造された形式。写真当時は15編成まで登場していた。

🚶 古地図探訪　新神戸・三宮付近

　神戸の街は海と山に挟まれた東西に長い大都市。それゆえ、山陽新幹線は山側を走り、神戸市街地をトンネルで抜けている。新神戸駅は、六甲トンネルと神戸トンネルの間のわずかな地上を利用して建設された高架駅で、昭和47（1972）年に生田川と接する布引山の南の葺合区（現・中央区）に開業した。

　昭和60（1985）年に神戸市営地下鉄大倉山駅〜当駅間が延伸開業。新神戸駅から南は、神戸市電布引電停の西で南へ曲がる通りの地下を通っている。一方、昭和63（1988）年開業の北神急行電鉄は、布引山の裾野に沿ってカーブを描きながら北上し、長大な北神トンネルを経由して谷上駅へ達している。

昭和30年

北神急行電鉄

北神急行電鉄は、昭和63年開業の比較的新しい鉄道。神戸市営地下鉄と一体の運用で、谷上〜新神戸間のみの運転はない。約7kmの北神トンネルが路線の大半で、谷上と新神戸を結ぶ。

谷上車両基地　平成21年
谷上駅の西側にある車両基地。本社ビルも基地敷地内にある。

谷上駅　平成16年
谷上駅は、北神急行電鉄の開業で神戸市営地下鉄との相互直通運転が開始され、神戸中心部とグッと近くになった。北神トンネルを出ればすぐに新神戸駅だ。

伊川谷駅の7000系　現在
北神車は、神戸市営地下鉄よりも車両数が少ないので遭遇すればラッキーと言える。

西神南の7000系　現在
西神南、西神中央まで乗り入れる北神車の7000系。神戸市営地下鉄西神・山手線の規格に合わせたアルミ車である。

kenchomae St. / Okurayama St. / Minatogawakoen St.
県庁前・大倉山・

山手が付いた駅名から県庁前へ改称
別荘由来の大倉山、公園直下の湊川公園駅

【県庁前駅】
開業年	昭和60(1985)年6月18日
所在地	神戸市中央区下山手通5
キロ程	2.2km(新神戸起点)
駅構造	地下駅／2面2線

【大倉山駅】
開業年	昭和58(1983)年6月17日
所在地	神戸市中央区楠町3
キロ程	3.3km(新神戸起点)
駅構造	地下駅／1面2線

【湊川公園駅】
開業年	昭和58(1983)年6月17日
所在地	神戸市兵庫区下沢通1
キロ程	4.3km(新神戸起点)
駅構造	地下駅／1面2線

◆県庁前駅と兵庫県庁
兵庫県の県庁舎は、明治6年に神戸駅近く(現在の神戸地方裁判所付近)から現在地に移転している。

◆山手(県庁前)時代
三宮駅の駅名標で、次駅には山手(県庁前)とある。山手(県庁前)から県庁前へ改称されたのは平成5年のこと。

◆山手(県庁前)時代
旧兵庫県庁の兵庫県公館と西神・山手線出口。後ろは兵庫県公館。

◆県庁前駅の出入り口
付近には多くの樹木が植えられている。

　山手(県庁前)駅として開業後、平成5(1993)年に県庁前駅へ改称した。三宮駅と同じく、地上の道路の幅員の関係から地下3層の構造。地下1階に改札口、地下2階と地下3階に単式ホーム1面1線を備える。兵庫県庁の近くに建つ兵庫県公館は、明治35(1902)年建築で、ルネサンス建築の旧兵庫県庁本庁舎だ。
　大倉山の由来は、実業家大倉喜八郎の別荘が丘にあったためで、現在は神戸市の大倉山公園になっている。駅は、昭和58(1983)年6月の新長田駅〜大倉山駅間の開通で開業し、当時は終着駅だった。昭和60(1985)年6月の大倉山駅〜新神戸駅間の延伸で中間駅になる。島式ホーム1面2線の構造で、終着駅の面影として渡り線が残る。駅南側に楠木正成公を祀る湊川神社がある。
　湊川公園駅は、湊川公園の地下に位置。神戸電鉄湊川駅が近く、乗換駅として機能する。かつての界隈は、湊川に沿って新開地へ続く神戸随一の繁華街で、湊川公園には大正時代に神戸タワーが建設された。その後、三宮に神戸の中心や繁華街が形成されていく中で、次第にかつてほどの賑わいは薄れ、昭和43(1968)年には神戸タワーが老朽化で解体された。

湊川公園
（みなとがわこうえん）

古地図探訪　　　県庁前・大倉山・湊川公園付近

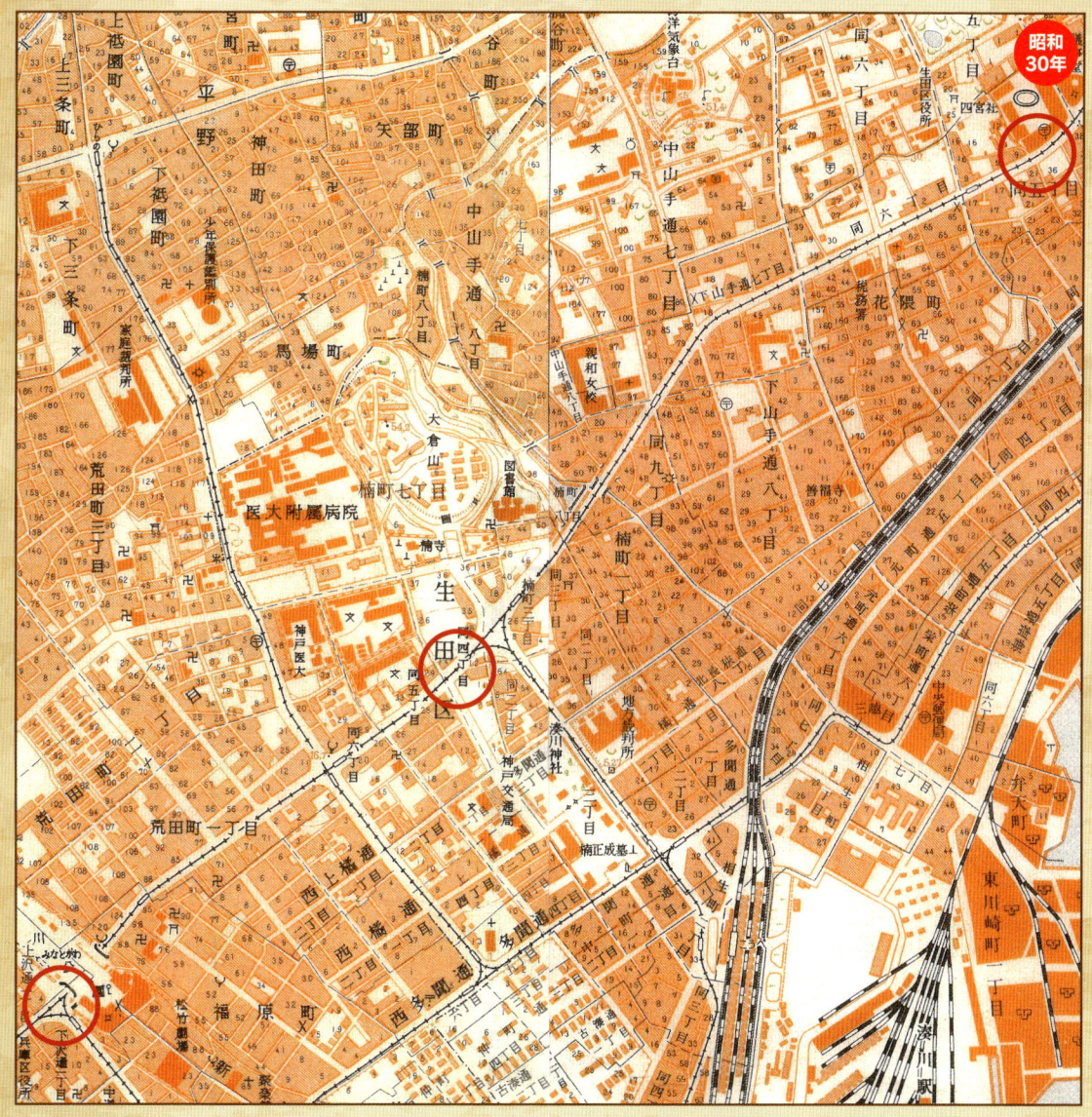

昭和27年の地図。県庁前駅の位置は、国鉄元町駅の北西に兵庫県庁があり、その前の通りの地下になる。地図当時は、通りに神戸市電が走り、議事堂の前に中山手三丁目、県庁の南西に下山手四丁目の電停があった。県庁は現在も同じ場所にある。付近に大倉山や神戸医大附属病院（現・神戸大学医学部附属病院）があり、南の通りを東へ進みＶの字の交差から西へ少し入ると市電の大倉山電停があった。この地下が市営地下鉄の大倉山駅になる。湊川公園駅は、湊川公園のトンネルの地下で、西側の交差点地下で神戸電鉄湊川駅と連絡している。

Kamisawa St. / Nagata St. / Shinnagata St. / Itayado St.

上沢・長田・新長田・板宿

高校が多い上沢駅近辺、長田は長田神社前
新長田はJRと海岸線、板宿は山電が接続

【上沢駅】
開業年	昭和58（1983）年6月17日
所在地	神戸市兵庫区上沢通8
キロ程	5.3km（新神戸起点）
駅構造	地下駅／1面2線

【長田駅】
開業年	昭和58（1983）年6月17日
所在地	神戸市長田区四番町7
キロ程	6.1km（新神戸起点）
駅構造	地下駅／2面2線

【新長田駅】
開業年	昭和52（1977）年3月13日
所在地	神戸市長田区松屋通1
キロ程	7.6km（新神戸起点）
駅構造	地下駅／2面4線（西神・山手線、海岸線合計）

【板宿駅】
開業年	昭和52（1977）年3月13日
所在地	神戸市須磨区大黒町2
キロ程	8.8km（新神戸起点）
駅構造	地下駅／1面2線

平成20年

撮影：岩堀春夫

●新長田駅
西神・山手線と海岸線との乗換駅。両線の駅は連絡通路で結ばれている。新長田地下鉄ビルは、昭和52年3月の駅開業後、同年10月に開業。テナントが入っている。

現在

撮影：岩堀春夫

●新長田駅前
地下鉄西神・山手線と海岸線の乗換駅である新長田駅の副駅名は「鉄人28号前」駅であり、原寸大のモニュメントが平成21年に登場した。

　上沢駅の近くには県立兵庫高校をはじめ、公立高校が多い。平成7（1995）年1月の阪神・淡路大震災で当駅も被災。2月16日に全線の再開後も三宮、新長田の各駅とともに復旧せずに列車が通過。三宮と新長田の両駅は3月16日に、当駅は同月31日に営業を再開した。
　長田駅は長田神社の最寄駅。参道に商店街がある。平成11（1999）年12月に長田（長田神社前）駅の表示に。地下1階に改札口、地下2階に相対式ホーム2面2線の構造。阪神神戸高速線の高速長田駅と当駅は通路で連絡。新長田駅は、神戸市営地下鉄初の路線として新長田駅～名谷駅間が開通した昭和52（1977）年3月に起点駅として開業。

昭和58（1983）年6月に当駅～大倉山駅間が開通して中間駅に。平成13（2001）年7月には同市営地下鉄海岸線の開業で同線の駅が至近に開業した。
　西神・山手線と海岸線の駅ともに、地下1階に改札口、地下2階に島式ホーム1面2線の構造。神戸市出身の漫画家横山光輝の代表作「鉄人28号」にちなみ、両駅の副駅名は鉄人28号前だ。JR西日本の新長田駅に近く乗換駅。板宿駅は、山陽電気鉄道との乗換駅。地下2階に島式ホームがあるなど、新長田駅と基本構造は同じ。阪神・淡路大震災では翌日から当駅～西神中央駅間で営業を再開した。

神戸市営地下鉄西神・山手線

神戸新交通　ポートアイランド線

　三宮駅と神戸空港駅間を結び、ポートアイランドの中公園駅や市民広場駅を経由する路線と、市民広場駅から分かれて北埠頭駅を経由して中公園駅に至る路線がある。愛称はポートライナー。ポートアイランドで開催された博覧会の「ポートピア(PORTOPIA)'81」を前に、昭和56年2月に三宮駅～南公園駅～中公園駅間で運行を開始した。開業当時から8000型が活躍してきたが、現在は2000型へバトンタッチしている。

昭和59年
撮影：岩堀春夫

開業時から活躍した8000型。平成21年11月に引退した。

平成20年
撮影：岩堀春夫

ポートアイランド線は、日本初の新交通システムによる交通機関。世界初の自動無人運転方式だった。

神戸新交通　六甲アイランド線

　六甲アイランド線は、住吉駅～マリンパーク駅間の路線で、平成2年に開業。神戸市東灘区の人工島「六甲アイランド」と住吉駅間を結ぶ交通機関。住吉駅はJR西日本の住吉駅に隣接する。愛称は六甲ライナー。案内軌条の側方案内式の新交通システムで、車両は開業以来の形式である1000型が活躍。平成29年からは順次新型車両が投入される予定。

平成21年
撮影：岩堀春夫

アルミ車体にグリーンのラインが入る1000型。4両編成で走る。

平成2年
撮影：岩堀春夫

JRと接続する住吉駅と神戸港沖の六甲アイランドを結ぶ。

懐かしい路線バスの風景

昭和30年代
撮影：満田新一郎

◀神戸市交通局
三宮駅北側で乗客が降車している様子。「六甲おろし」で寒そうな様子がうかがえる。当時は高い建物がなく摩耶山が間近に見える。

▶姫路市交通局
現在は神姫バスに路線移譲された姫路市交通局のバス。平成22年に事業撤退した。姫路駅前を走る風景は、人々の記憶にまだ鮮明に残っているだろうか。

昭和50年
撮影：満田新一郎

神戸市兵庫区
神戸市長田区
神戸市北区
三田市
神戸市西区
三木市
小野市
神戸市中央区
神戸市須磨区

Myohoji St. / Myodani St. / Sogoundokoen St.

妙法寺・名谷・総合運動公園

トンネル間の妙法寺、総合運動公園駅は園内
須磨ニュータウンの中心駅、名谷

▶1000形
昭和60年に学園都市駅まで延伸開業。神戸総合運動公園では同年にユニバーシアード夏季大会が開催された。

▼2000形
総合運動公園から学園都市へ走る西神中央行。1000形よりも明るい緑色だ。

▶妙法寺駅
妙法寺駅は、トンネル間に挟まれた駅。プラットホームは地下1階に相当する高さに位置している。

【妙法寺駅】
開業年	昭和52(1977)年3月13日
所在地	神戸市須磨区横尾1
キロ程	11.7km（新神戸起点）
駅構造	地上駅／2面2線

【名谷駅】
開業年	昭和52(1977)年3月13日
所在地	神戸市須磨区中落合2
キロ程	13.3km（新神戸起点）
駅構造	地上駅／2面4線

【総合運動公園駅】
開業年	昭和60(1985)年6月18日
所在地	神戸市須磨区緑台
キロ程	15.1km（新神戸起点）
駅構造	地上駅／3面2線

昭和61年
昭和63年
昭和52年
撮影：岩堀春夫

　妙法寺駅は、地上が改札口で、谷間を掘り下げて相対式ホーム2面2線を設置。ホーム両端方はトンネルだ。駅名の由来は、駅東方の高野山真言宗妙法寺から。山小屋風駅舎で、秋をテーマに栗や柿の陶板が飾られる。
　名谷駅は、須磨ニュータウンの中心地に位置。駅や周辺は落合で、従来の名谷は隣接する垂水区の地名。山間部を開発してニュータウンを造成。地下鉄開通で発展を遂げ、現在の乗降客数は三宮駅に次ぐ第2位。駅舎には春の風をイメージした壁画が飾られ、大型ショッピングセンターの「須磨パティオ」が近くにある。
　地上に改札口、掘割に島式ホーム2面4線を備え、乗務区が隣接、乗務員交代を行う。名谷車両基地が近接し、始発終着列車もある。開業当初はホーム間の2線のみ使用。昭和60(1985)年の当駅～学園都市駅間延伸時に残り2線の使用を開始した。かつて運転された快速では、三宮駅、新長田駅とともに途中停車駅だった。
　総合運動公園駅は、神戸総合運動公園にあり、ホームは掘割に位置。島式ホーム1面2線の両端に相対式ホームのある3面2線の構造。相対式ホームは降車用で、同運動公園の利用客が多い時に使用される。駅の標高は約103m。地下鉄の駅としては日本屈指の高さ。駅東側で山陽新幹線を越えている。

神戸市営地下鉄西神・山手線

昭和61年

◆名谷車両基地
昭和52年の神戸市営地下鉄の開業に備えて、昭和50年に業務を開始。翌年に1000形の第1編成が当車両基地に搬入され、試運転が繰り返された。現在は、1000形、2000形、3000形の形式が揃うが、写真当時は2000形登場前で、1000形のみだった。

撮影：岩堀春夫

昭和61年

◆島式ホーム2面4線の名谷駅
昭和60年6月に大倉山〜新神戸間が開通しており、行先表示に新神戸の駅名が見られる。快速運転時代は、快速は1・4番線、普通は2・3番線に停車し、緩急接続を行っていた。

撮影：岩堀春夫

平成15年

◆名谷駅
開業時から駅の西側を飾る「春の風」の壁画が印象的な駅舎。

撮影：岩堀春夫

平成17年

◆総合運動公園駅
ホームは掘割だが、駅舎は地上にある。駅舎内は天井が高く開放的な空間。

撮影：岩堀春夫

昭和52年

◆妙法寺駅
須磨ニュータウンの一つとして開発された横尾団地への最寄駅。妙法寺川が造る狭小な谷間に沿った斜面を開拓して出来た地平駅である。

撮影：岩堀春夫

昭和63年

◆北神急行7000系
北神急行の車両も西神・山手線内で活躍する。総合運動公園駅の東側では山陽新幹線と交差する。

撮影：岩堀春夫

83

Gakuentoshi St. / Ikawadani St. / Seishin-minami St. / Seishin-chuo St.
学園都市・伊川谷・西神南・西神中央

昭和60年に学園都市、翌々年西神中央延伸
伊川谷は高架駅、西神南は平成5年開業

昭和61年

【学園都市駅】
開業年	昭和60(1985)年6月18日
所在地	神戸市西区学園西町1
キロ程	16.8km（新神戸起点）
駅構造	地上駅／2面2線

【伊川谷駅】
開業年	昭和62(1987)年3月18日
所在地	神戸市西区前開南町1
キロ程	18.4km（新神戸起点）
駅構造	地上駅／2面2線

【西神南駅】
開業年	平成5(1993)年3月20日
所在地	神戸市西区伊吹台東町1
キロ程	20.1km（新神戸起点）
駅構造	地上駅／1面2線

【西神中央駅】
開業年	昭和62(1987)年3月18日
所在地	神戸市西区糀台5
キロ程	22.7km（新神戸起点）
駅構造	地上駅／2面3線

撮影：岩堀春夫

◀学園都市駅
学園都市駅ビルを備えた駅舎。改札口は地上2階にあり、駅ビルにはテナントがある。

　神戸研究学園都市にある学園都市駅。複数の大学などがあり、兵庫県立大学や神戸市外国語大学、流通科学大学などが建つ。バスターミナルには淡路島や四国方面との高速バスも発着。昭和62(1987)年3月の西神中央駅延伸まで終着駅で、開業前の西神中央間とアクセスしたバスも発着した。地上2階に改札口、地上1階に相対式ホーム2面2線で、島式ホーム2面4線化も可能な設計だ。
　伊川谷駅は、地上1階に改札口、地上2階に相対式ホーム2面2線の高架駅で、神戸市営地下鉄で唯一の高架駅。駅周辺は、ニュータウンの開発外地域で開発が緩やかだ。西神南駅は平成5(1993)年3月の開業。学園都市駅～西神中央駅間が延伸開業した昭和62(1987)年3月時点では、駅の工事準備だけ施工され、6年後に駅が開業。西神南ニュータウンの最寄駅で乗降客は多い。駅周辺には、ショッピングセンターやホームセンターのほか、駅東方に工業団地の神戸ハイテクパークがある。
　神戸市西区にJR駅はなく、西神中央駅が西区の中心駅。神戸市によって副都心的なまちづくりが進められ、駅周辺には公共施設や商業施設が多く、西神ニュータウンの中心地である。地上2階に改札口、地上1階に2面3線の終着始発駅。1番線は車庫からの出庫線で、使用は平成5(1993)年7月から開始した。

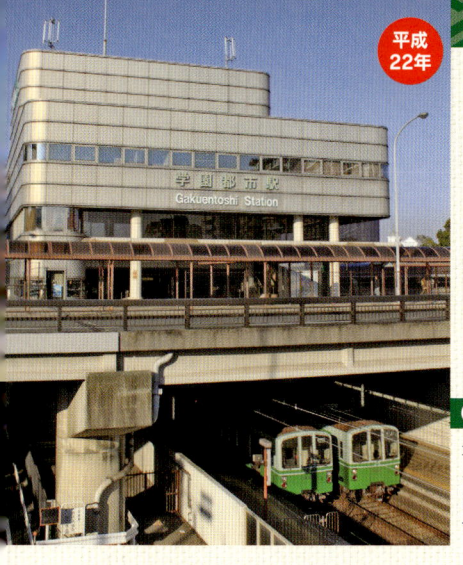

神戸市営地下鉄西神・山手線

学園都市駅 平成22年
地下駅のように見えるが、プラットホームは地上の1階に相当する。

西神中央駅 平成17年
駅周辺は、西神ニュータウンの中心地で、駅は神戸市西区の中心駅。開放的なアーケード構造の駅になっている。
撮影：岩堀春夫

伊川谷駅 平成21年
神戸市営地下鉄唯一の高架駅。開業当時は田園風景の中に高架駅が横たわっていたが、近年では駅周辺にホームセンターなどが建設されている。
撮影：岩堀春夫

西神南駅 現在
平成5年開業。西神・山手線では一番新しい駅。駅のイメージテーマは虹で、タイルを使った表現が駅舎にされている。
撮影：岩堀春夫

学園都市駅を発車した1000形 昭和61年
神戸市営地下鉄西神・山手線の車両は、神戸市電の配色をイメージした塗色。中でも1000形は、緑の濃淡が市電に近いカラーだ。神戸市営地下鉄の車両は、神戸市に本社のある川崎重工業で製造されている。
撮影：岩堀春夫

神戸市兵庫区 | 神戸市長田区 | 神戸市北区 | 三田市 | 神戸市西区 | 三木市 | 小野市 | 神戸市中央区 | 神戸市須磨区

Sannomiya-Hanadokeimae St. / Kyukyoryuchi-Daimarumae St. / Minatomotomachi St. / Harborland St.

三宮・花時計前 旧居留地・大丸前 みなと元町 ハーバーランド

神戸を支えた歴史的景観を結ぶ
ハーバーランドは、国鉄貨物駅跡に誕生

▶みなと元町駅 平成24年
辰野金吾設計の旧第一銀行神戸支店には、地下鉄1番出口がある。

◀三宮・花時計前の5000形 平成16年
海岸線は小さなトンネル断面で小型の車両で運行するミニ地下鉄。鉄輪式リニアモーターカーの5000形が活躍し、川崎重工業製。緑のラインに、海岸線のラインカラーのブルーが入っている。
撮影：岩堀春夫

▶三宮・花時計前駅 平成24年
駅はオフィス街に位置し、一部のオフィスビルと直結している。
撮影：岩堀春夫

△旧居留地・大丸前駅 平成24年
駅名にある大丸の神戸店は、写真左上のビル。
撮影：岩堀春夫

【三宮・花時計前駅】

開業年	平成13(2001)年7月7日
所在地	神戸市中央区御幸通8
キロ程	0.0km（三宮・花時計前起点）
駅構造	地下駅／1面2線

【旧居留地・大丸前駅】

開業年	平成13(2001)年7月7日
所在地	神戸市中央区三宮町2
キロ程	0.5km（三宮・花時計前起点）
駅構造	地下駅／1面2線

【みなと元町駅】

開業年	平成13(2001)年7月7日
所在地	神戸市中央区栄町通4
キロ程	1.3km（三宮・花時計前起点）
駅構造	地下駅／1面2線

【ハーバーランド駅】

開業年	平成13(2001)年7月7日
所在地	神戸市中央区東川崎町1
キロ程	2.3km（三宮・花時計前起点）
駅構造	地下駅／1面2線

　JRや阪神、阪急、地下鉄やポートライナーが集まる三宮の街。海岸線の起点の三宮・花時計前駅は神戸市役所に近く、市役所北側の日本初の花時計は駅名にも採用された。地下2階に改札口、地下3階に島式ホーム1面2線。西神・山手線三宮駅とは東口改札口外の地下通路で結ばれ、90分以内なら通しの運賃で相互乗換え可能。

　旧居留地・大丸前駅は、JRや阪神の元町駅に近い。大丸神戸店や旧居留地、三宮駅方面と地下道で行き来できる。元町商店街や中華街の南京町も近い。地下1階に改札口、地下2階に島式ホーム1面2線の構造。

　みなと元町駅の1番出口の外壁は、明治41(1908)年完成の旧第一銀行神戸支店のもので、出口を出ると、東京駅の設計で知られる辰野金吾による煉瓦造りの建物が現存し、銀行街として賑わった往時を感じさせる。当駅は、第2回近畿の駅百選に選定されている。

　ハーバーランド駅は、ウォーターフロント計画によって、国鉄貨物駅の湊川駅跡地に平成4(1992)年に誕生した「神戸ハーバーランド」の最寄駅。「神戸ハーバーランド」は、複合商業施設やオフィスビル、住宅から形成される複合都市で、神戸港の高浜旅客ターミナルもある。当駅やJRの神戸駅、阪神・阪急神戸高速線の高速神戸駅とは、地下街「デュオこうべ」で結ばれている。

神戸市営地下鉄海岸線

Chuoichibamae St. / Wadamisaki St. / Misakikoen St. / Karumo St. / Komagabayashi St.

中央市場前　和田岬
御崎公園　苅藻　駒ヶ林

運河沿いの街を結ぶ海岸線
御崎公園駅は海岸線唯一の2面3線

和田岬駅（平成20年）
かつての神戸市電和田岬電停は、三菱重工業神戸造船所の前にあり、この地下に地下鉄の駅が出来た。

駒ヶ林駅（平成18年）
西神・山手線との乗換駅の新長田駅が隣駅で、三宮から当駅へ行く場合、三宮・花時計前駅から海岸線で行くよりも、西神・山手線経由のほうが、営業距離が短く運賃が安い。

神戸ウイングスタジアム（平成23年）
現在は「ノエビアスタジアム神戸」と呼ばれ、御崎公園内にある。御崎公園駅の三宮寄りに海岸線の御崎車両基地があるが、かつてのバス車庫だった公園地下が基地になっている。

高松橋（平成16年）
苅藻駅東側にある高松橋はかつて船の出入りの際、船の通行にあわせて橋が跳ね上がる跳ね橋で、その上を市電も走っていた。

【中央市場前駅】
開業年	平成13(2001)年7月7日
所在地	神戸市兵庫区中之島1
キロ程	3.7km（三宮・花時計前起点）
駅構造	地下駅／1面2線

【和田岬駅】
開業年	平成13(2001)年7月7日
所在地	神戸市兵庫区上庄通2
キロ程	4.6km（三宮・花時計前起点）
駅構造	地下駅／1面2線

【御崎公園駅】
開業年	平成13(2001)年7月7日
所在地	神戸市兵庫区浜中町1
キロ程	5.7km（三宮・花時計前起点）
駅構造	地下駅／2面3線

【苅藻駅】
開業年	平成13(2001)年7月7日
所在地	神戸市長田区浜添通5
キロ程	6.5km（三宮・花時計前起点）
駅構造	地下駅／1面2線

【駒ヶ林駅】
開業年	平成13(2001)年7月7日
所在地	神戸市長田区庄田町4
キロ程	7.3km（三宮・花時計前起点）
駅構造	地下駅／1面2線

　神戸市中央卸売市場がすぐの中央市場前駅。駅周辺は、平清盛が承安3(1173)年に修築した大輪田泊とされ、日宋貿易の拠点だった。和田岬駅は、JRの山陽本線支線（和田岬線）の和田岬駅と近接するが、和田岬線は日中の運転がなく、当駅との乗換駅として利用する人は少ない。駅南側に三菱重工業や三菱電機の工場があり、通勤客の利用が多く、海岸線の駅で最も乗降客が多い。

　御崎公園駅は、島式ホーム2面3線で、これは三宮方に御崎車両基地があり、車庫の入出庫が行われるため。始発終着列車もある。神戸ウイングスタジアムが運営する御崎公園球技場の最寄駅。球技場は命名権から「ノエビアスタジアム神戸」と呼ばれる。Jリーグのヴィッセル神戸やジャパンラグビートップリーグの神戸製鋼コベルコスティーラーズの本拠地で、試合等の多客時には、1本の線路を挟む2・3番ホームで車両の両扉が開く。

　苅藻駅の東には、新川運河・兵庫運河がある。駅近くの東尻池町八丁目交差点付近には、兵庫運河を完成へ導いた実業家の八尾善四郎の銅像が立つ。駒ヶ林駅の副駅名は「三国志のまち」。神戸市は「三国志」などの作品で知られる漫画家の横山光輝の出身地で、駅近くには、三国志を再現したジオラマなどのある「KOBE三国志ガーデン」が平成23(2011)年に開館した。

辻 良樹（つじよしき）

昭和42（1967）年、滋賀県生まれ。鉄道関係のＰＲ誌編集を経てフリーに。東京在住時代、京王沿線に10年間在住。著書に『関西 鉄道考古学探見』『にっぽん列島車両図鑑』（ともにJTBパブリッシング）、『京王電鉄 各駅停車』『小田急電鉄 各駅停車』（ともに洋泉社）、『阪神電鉄、山陽電鉄 昭和の記憶』（彩流社）、『日本のりもの大図鑑1208』（学研教育出版）など。共著、取材、写真撮影等多数。DVD監修として『昭和の街を走った市電シリーズ１　京都市電』『昭和の街を走った市電シリーズ２　大阪市電　神戸市電』（ともに、関西テレビ放送製作）等もある。

【写真提供】
J.WALLY.HIGGINS、岩堀春夫、荻原二郎、亀井一男、佐野正武、高野浩一、中西進一郎、藤山侃司、満田新一郎、安田就視、山本雅生
山陽電気鉄道株式会社、小野市

【絵葉書提供】
生田 誠

山陽電鉄・神戸電鉄・神戸市営地下鉄　街と駅の１世紀

発行日……………2016年3月5日　第1刷　※定価はカバーに表示してあります。

著者……………辻 良樹
発行者……………佐藤英豪
発行所……………株式会社アルファベータブックス
　　　　　　〒102-0072　東京都千代田区飯田橋 2-14-5 定谷ビル
　　　　　　TEL. 03-3239-1850　FAX.03-3239-1851
　　　　　　http://ab-books.hondana.jp/

編集協力……………株式会社フォト・パブリッシング
校正……………加藤佳一
デザイン・DTP………柏倉栄治
印刷……………モリモト印刷株式会社

ISBN 978-4-86598-810-9 C0026
本書は日本出版著作権協会（JPCA）が委託管理する著作物です。
複写（コピー）・複製、その他著作物の利用については、事前に JPCA（電話 03-3812-9424、e-mail:info@jpca.jp.net）の許諾を得てください。なお、無断でのコピー・スキャン・デジタル化等の複製は著作権法上の例外を除き、著作権法違反となります。